이 뭐꼬?
이것뿐!

이 뭐꼬?
이것뿐!

간화선과 명상,
그 절묘한 만남

월호 지음

불광출판사

들어가며

달다!

학창 시절, 불교학생회 주최로 전시회가 열렸는데, 그때 커다란 그림 하나가 유독 눈에 들어왔다.

어떤 나그네가 우물 중간에서 넝쿨을 붙들고 대롱대롱 매달려 있는데, 우물 밖에는 불길 속에 코끼리가 있었고, 마른 우물 밑에는 뱀이 몇 마리 보였다. 또한 넝쿨 위쪽을 흰 쥐와 검은 쥐가 갉아먹고 있었는데, 그 와중에 나그네는 벌집에서 떨어지는 꿀을 받아먹고 있었다. 이 그림이 궁금해 묻자 안내자가 설명했다.

"이 그림은 『불설비유경(佛說譬喩經)』의 '안수정등(岸樹井藤)'입니다. 그림 속의 나그네는 중생(衆生)을 의미하고, 불길은 타오르는 욕망을 상징하고 있죠. 코끼리는 무상(無常)함을, 독사는 삼독(三毒)을, 흰 쥐와 검은 쥐는 낮과 밤을 뜻하며, 넝쿨은 생명줄을, 다섯 방울의 꿀은 오욕락(五欲樂)을 뜻합니다. 이 그림은 결국 위태로운 중생들이 오욕락의 달콤함에 빠져 진실을 도외시하고 있음을 비유합니다."

이 말을 듣고 궁금해진 필자가 다시 물었다.

"그럼 이 나그네는 어찌해야 하는 걸까요?"

"글쎄요, 그건 저도 잘 모르겠습니다."

이른바 일촉즉발의 위기 상황이다. 그 와중에 나그네는 벌집에서 떨어지는 다섯 방울의 꿀을 받아먹으며 자신의 상황을 까맣게 잊고 있었다. 이 나그네는 어떻게 해야 이 위기 상황을 벗어날 수 있을까? 그대가 이 나그네와 같은 처지라면 과연 어찌해야 할까?

용성 큰스님이 제자들에게 안수정등을 설하며 각자의 생각을 묻자 제자들이 이렇게 답했다고 한다.

"어젯밤 꿈속의 일일 뿐입니다."

"부처는 다시 부처가 될 수 없습니다."

"누가 언제 우물에 들었던가?"

훗날 제자 중 한 사람이 전강 선사를 만나 스승의 질문을 전해 주었다. 그러자 전강 선사는 엿 한 가닥을 엿판에 내리친 다음 한 조각을 입에 털어 넣고 이렇게 말했다고 한다.

"달다!"

우하하하! 달다! 이것이야말로 더 이상 설명이 필요 없는 멋진 답변이 아닐 수 없다. 앞의 어떤 답변보다도 간단명료하면서 정확하다. 왜 그런가? 애당초 안수정등의 상황은 모두 설정(設定)이기 때문이다. 현실이 아닌 허구인 것이다. 이른바 '가상현실'이다.

전강 선사의 답변은 그 순간 안수정등이라는 가상현실에서 벗어나 유일한 진짜 현실인 '바로 지금 여기'로 툭 튀어나온 것이다.

또한 우물 속 나그네가 추구하는 달콤함과 여기서의 '달다!'는 같지 않다. 나그네에게는 달콤함을 추구하는 '나'가 존재한다. 하지만 여기서의 '달다!'에는 '나'가 없다. 다만 맛을 느낄 뿐, 맛을 느끼는 자는 없다. 견문각지(見聞覺知)가 있을 뿐, 견문각지하는 자는 없다.

과거는 이미 흘러 갔으며, 미래는 아직 오지 않았다. 현재는 잠시도 머무르지 않는다. 그러므로 과거·현재·미래는 모두 가상현실이다. 유일한 진실은 '바로 지금 여기서 이것뿐'이다. 현상이 있을 뿐 실체는 없다. 행위가 있을 뿐 행위자는 없다. 한마디로 아바타(avatāra)인 것이다.

'몸도 아바타, 마음도 아바타, 이 세상은 가상현실!'이라는 소식을 '지금 여기'에서부터 활용하는 것이 현명하다. 각고의 수행을 통하여 언젠가 이를 깨달은 후에 써나갈 필요가 없다. 이미 주렁주렁 매달려 있는 열매를 일단 따먹어 보고, 주위에도 권장하는 것이 오히려 깨달은 이가 바라는 바다. 그 비결은 바로 몸과 마음을 아바타라 바라보는 것이다.

"아바타가 욕심내고 있구나. 아바타가 화가 나는구나. 아바타가 근심 걱정하고 있구나."

이렇게 관찰할 때 탐(貪)·진(瞋)·치(癡)는 더 이상 나의 것이 아니다. 아바타의 몫이 된다. 나는 다만 '바라볼 뿐'!

"아바타가 걸어간다. 아바타가 머무른다. 아바타가 앉아 있다. 아바타가 누워 있다. 밥 먹을 때는 밥을 먹을 뿐! 잠잘 때는 잠잘 뿐!"

이를 꾸준히 연습해서 온몸에 사무치면 비로소 말할 수 있으리라.

"나왔다!"

행불사문 월호 합장

차
례

제2부. '이 뭐꼬?'에서 '이것뿐!'으로

셋째, 행불 명상

제3부. 마음공부의 다섯 단계

제1부

화두 이야기

화두는 설정이다

화두(話頭)는 설정(設定)이자 가상현실이다. 간화선(看話禪)은 가상현실에서 벗어나는 체험을 통해 유일한 진짜 현실인 '바로 지금 여기에서 이것뿐!'을 깨치는 것이다. 그 접근 방식에는 크게 세 가지 유형이 있다.

첫째는 과거의 일화를 '바로 지금 여기'로 가져오는 것이다.
과거는 이미 흘러갔다. 미래는 아직 오지 않았다. 현재는 잠시도 멈추지 않는다. '바로 지금 여기'에서 보면, 과거·현재·미래의 시공간은 모두 가상현실이다. 가상현실 속 모든 존재는 아바타다. 시시각각 변화하는 현상이 있을 뿐 고정된 실체는 없다. 주로 당나라 때 선사(禪師)들의 담화인 화두(話頭)를 '바로 지금 여기'로 당겨와 가상현실에서 벗어나는 체험을 한다.

둘째는 '이것뿐!'이다.
'이것뿐!'이란 등식(等式)이며, 동어반복(同語反覆)이다. 색즉시공 공즉시색(色=空=色)이니 결론은 색즉시색(色=色)이다. 산은 산, 물은 물! 이것은 이것, 저것은 저것이다. 유무(有無)를 초월한 유일한 진실은 항상 바로 지금 여기에서 '이것뿐!'이다. 어제의 나와 오늘의 나는 다르다. 오늘의 나와 내일의 나도 다르다. 현상이 있을 뿐, 실체는 없다. 행위가 있을 뿐, 행위자는 없다. 행위가 곧 행위자다. 이것뿐!

셋째는 반문(反問)이다.

상대방의 질문에 대하여 되묻는 것이다. 실체가 있다는 환상에 기반을 둔 질문에 대하여 억지로 답하고자 하면 우문우답(愚問愚答)이 된다. 일단 돌이켜 묻거나 화제를 급전환시켜 입을 틀어막고 분별을 쉬게 한다. 그리하여 '바로 지금 여기에서 이것뿐!'임을 스스로 직관케 하는 것이 우문현답(愚問賢答)이다. 임제 할(喝)과 덕산 방(棒) 또한 그런 취지이다. 다만 견문각지(見聞覺知)할 뿐! 견문각지하는 자는 없다. 관찰이 관찰자다. 알겠는가? 안다고 해도 서른 방! 모른다고 해도 서른 방!

첫째,

바로 지금 여기에서

달마가 서쪽에서 온 까닭은?

"가령 어떤 사람이 높은 나무에 올라가 입으로 나뭇가지를 문 채, 손으로 가지를 잡거나 발로 가지를 밟지 않았다고 하자. 그때 나무 밑에서 어떤 사람이 달마 조사가 서쪽에서 온 뜻을 물었다. 대꾸하지 않으면 묻는 이의 뜻에 어긋나고, 대꾸하면 목숨을 잃는다. 이럴 때 어찌해야 좋을까?"

— 『선문염송(禪門拈頌)』「600. 여인(如人)」

이는 향엄 지한 선사(미상~898)가 대중에게 제시한 화두다. 생생하기 짝이 없다. 높은 나무 위에서 입으로만 가지를 물고 대롱대롱 매달려 있으니, 입을 열면 떨어져 죽을 것이고, 그대로 있으면 묻는 이의 뜻에 어긋난다. 이럴 때 어찌해야 좋을까? 그대라면 어떻게 할 것인가? 무문 선사가 평하여 말하였다.

"냇물이 흐르듯 막힘없는 달변도 모두 소용없고, 대장경의 가르침을 모두 설할 수 있어도 역시 소용없다. 만약 여기에 딱 알맞게 대응할 수 있다면 이때까지 죽어 있던 것을 살리고, 이때까지 살아 있던 것을 죽일 수도 있다. 혹시 그렇지 않고 어정거린다면 먼 훗날을 기다렸다가 미륵 부처님에게나 물을 수밖에 없다."

죽은 것을 살리고, 산 것을 죽인다니. 이것이야말로 생사일대사(生死一大事)가 걸린 일이다. 이를 금생에 해결할 것인가, 아니면 미륵 부처님 오실 날을 기다릴 것인가? 다행히 그때 호두 상좌가 있어 나서서 말했다.

"나무 위에 오른 뒤는 묻지 않겠습니다. 나무에 오르기 전의 소식을 화상께서 말씀해 주십시오."

그러자 선사가 깔깔대며 크게 웃었다.

우하하하! 나무에 오르기 전의 소식이라. 제법이다. 하지만 반만 맞혔다. 그래서 선사가 다만 웃었을 뿐이다. 나무에 오르기 전이니 아직 나뭇가지를 물지도 않았고, 조사의 뜻을 묻는 이도 없다. 하지만 여전히 나무 밑에서 서성대고 있구나. 나머지 반을 내놓아 보아라. 나머지 반이라? 이럴 때 어찌해야 좋을까? 그대라면 어떻게 할 것인가?

"나무를 바로 지금 여기로 가져오면 답해 주리라."

"나왔다!"

병 속의 새를 꺼내라

남전 선사에게 육긍 대부가 물었다.

"옛사람이 병 속에 거위 한 마리를 길렀는데, 거위가 점점 자라 병에서 나올 수 없게 되었습니다. 지금 병을 깨뜨릴 수도 없고, 거위를 죽일 수도 없으니, 어찌해야 거위를 꺼내겠습니까?"

– 『선문염송』 「238. 양아(養鵝)」

병을 깨뜨려서도 안 되고, 거위가 다쳐서도 안 된다. 어찌해야 거위를 꺼낼 수 있을까? 그대라면 어찌할 것인가?

이 내용은 1981년에 개봉한 영화 〈만다라〉에서도 '병 속의 새'라는 화두로 나온다. 주인공 법운이 선지식 노스님에게서 받아 몇 년을 참구했으나 도무지 오리무중이다. 그 후 40년이 지나도록 새를 꺼냈다는 소식은 들리지 않는다. 도대체 어찌해야 꺼낼 수 있을까?

어떤 이는 '새를 굶겨서 꺼낸다'고 하고, 어떤 이는 '병 속에 기름을 넣어 꺼낸다'고 한다. 또 어떤 이는 '새는 병에 갇힌 적이 없다. 꺼낼 필요가 있느냐?'라 하고, 어떤 이는 '새는 이미 나왔고, 자유롭다'고 한다. 각자 나름대로 일리가 있는 말이지만 아직 석연치가 않다. 다행히 남전 선사가 한 줄 낚시를 던져 큰 자라가 물결을 벗어나게 되었다.

남전 선사가 불렀다.

"대부여!"

대부가 답하거늘 선사가 말했다.

"나왔다!"

'대부'란 벼슬 이름이다. 남전 선사가 "대부여!" 하고 부르니 그
가 "예!" 하고 답했다. 그러자 선사가 말했다. "나왔다!" 아하! 부르고
답하는 그 순간 나왔다는 것이다. 그렇다면 도대체 어디서 어디로
나온 것일까?

듣고 대답하는 순간 가상현실에서 '바로 지금 여기'로 돌아온
것이다. '병 속의 새'는 허구이자 설정이다. 실재하지도 않을뿐더러,
설혹 실재한다 하더라도 이미 지나가 버린 옛날이야기일 뿐이다. 지
금 여기서 보면 가상현실인 것이다. 모든 것이 변화하는 이 세상에
서 유일한 진실은 '바로 지금 여기서 이것뿐'이다. 그런데 지금 이 순
간도 계속 흘러가므로 과거와 미래는 물론 현재 또한 금방 가상현실
이 되어 버리는 것이다.

따라서 진정 "나왔다!"라고 말하려면 이렇게 답해야 하지 않을
까?

"그 병을 바로 지금 여기로 가져오면 거위를 꺼내 보이리라."

송장 끌고 다니는 이놈은 무엇인가?

고봉 원묘 선사(1238~1295)는 처음에 '조주무자(趙州無字)' 화두를 들었지만 3년이 되도록 혼침과 산란에서 벗어날 수 없었다. 그러나 '일귀하처(一歸何處)' 화두는 의정(疑情)이 쉽게 생겨 점차 일념(一念)이 이루어졌다. 화두를 든다는 마음까지 없어지고, 여섯 감관이 저절로 고요해져 단박 무심삼매(無心三昧)에 들어갔다.

> "일념이 만년이라, 경계도 고요하고 나도 잊었으니, 마치 천치와 같고 바보와 같았다. 어느 날 오조 법연 화상의 영찬을 보고서 별안간 일전에 앙산 노화상께서 묻던 '송장 끌고 다니는 이놈은 무엇인가?' 하는 화두를 확연히 깨쳤다. 곧 허공이 무너지고 대지가 꺼져 사물과 내가 함께 없어진 것이 마치 거울이 거울을 비추는 것과 같았다."
>
> -『선요』

앙산 노화상은 매일 아침 고봉 스님이 문안드릴 때마다 '송장 끌고 다니는 이놈이 무엇인가?'라고 묻고는 우물쭈물하면 방망이로 때려 내쫓았다. 그때는 미처 답하지 못하다가 오조 법연 화상의 영찬(影讚)을 보고 '송장 끌고 다니는 이놈이 무엇인가?' 하는 화두를 확연히 깨쳤다.

영찬에는 '백 년 삼만 육천 일에 반복하는 것이 원래 이놈이로다(百年三萬六千朝 返覆元來是這漢).'라는 내용이 있었다. 결국 송장 끌고 다니는 놈이 '바로 이놈(是這漢)'이었던 것이다. 그렇다면 '바로 이놈'은 무엇인가? 옛 선사는 송(頌)한다.

태어남은 어디로부터 왔으며,
죽으면 어디로 가는가?
태어남은 한 조각 뜬구름 일어남이요,
죽음은 한 조각 뜬구름 사라짐이라.
뜬구름 자체는 본래 실체가 없으니,
생사거래(生死去來)가 또한 이와 같도다.
홀로 한 물건이 항상 드러나 있으니,
담담하여 생사(生死)를 따르지 아니하도다.

생사는 한 조각 뜬구름의 일어남, 사라짐과 같다. 온 바도 없고, 간 곳도 없다. 시시각각 변하는 현상이 있을 뿐 고정된 실체는 없다. 몸뚱이는 송장이요, 망상번뇌 본공(本空)하고, 천진면목(天眞面目) 나의 부처가 보고 듣고 앉고 눕는다. 몸과 마음은 아바타요, 보고 듣는 이가 진짜 나다. 그렇다고 보고 듣는 이가 따로 있는 것도 아니다. 보고 들음이 보고 듣는 이다.

"바로 지금 여기에서 다만 보고 들을 뿐!"

마음을 가져오너라

달마 대사에게 혜가가 물었다.

"저의 마음이 편안치 않으니, 스님께서 편안하게 해 주소서."

"마음을 가져오너라. 편안케 해 주리라."

"마음을 찾아도 끝내 얻을 수 없습니다(覓心了 不可得)."

"그대의 마음을 벌써 편안하게 해 주었느니라."

– 『선문염송』 「100. 법인(法印)」

'바로 지금 여기'로 마음을 가져오라는 한 마디에 마음이 실체 없음을 깨친 것이다. 허상을 붙들고 '마음이 불안하다'고 생각했을 뿐이다. 마음이 불안하다 하면, 그 마음은 과거의 마음인가, 미래의 마음인가, 현재의 마음인가? 과거는 이미 지나갔다. 미래는 아직 오지 않았다. 현재는 잠시도 머무르지 않는다. 결국 과거·현재·미래는 모두 가상현실인 것이다.

　몸과 마음은 수시로 변한다. 어제의 몸과 오늘의 몸은 다르다. 오늘의 몸과 내일의 몸도 다르다. 아침·저녁의 몸이 다르다. 또한 어제의 마음이 내 마음인가, 오늘의 마음이 내 마음인가, 내일의 마음이 내 마음인가? 시시각각으로 변하는 이 몸과 마음은 고정된 실체가 없다. 변화하는 현상만 있을 뿐! 결국 몸과 마음은 아바타인 것이다.

그러니 불안한 마음은 내 마음이 아니다. 아바타의 마음이다. 아바타의 마음이 불안하다고 관찰하는 순간 관찰자의 입장에 서게 된다. 관찰자인 성품은 공(空)하다. 크고 밝고 충만하다. 달이 항상 보름달인 것처럼.

달이 초승달로 보이고, 반달이나 그믐달로 보이는 것은 착시현상이다. 항상 둥근 달에 그림자가 져서 그렇게 보일 뿐 달이 실제로 이지러진 것은 아니다. 이와 마찬가지로 자신이 작고, 어둡고, 결핍된 존재로 여겨지는 것은 착각이다. 무명(無明)의 그림자가 져서 그렇게 느낄 뿐이다.

무명은 객진망상(客塵妄想)이다. 객진번뇌(客塵煩惱)와 전도망상(顚倒妄想)은 본래 실체가 없다. 번뇌가 일어나면 '아바타가 번뇌하고 있구나.' 하고 관찰한다. 망상이 일어나면 '아바타가 망상을 떨고 있구나.' 하고 관찰한다. 그러면 번뇌 망상은 더 이상 나의 것이 아니다. 불안한 마음도 마찬가지다.

"아바타가 불안해하고 있구나. 마하반야바라밀!"

바로 지금 여기에서 다만 바라볼 뿐!

누가 묶었냐?

도신 스님이 삼조 승찬 선사에게 말하였다.
"화상께서 자비를 베푸시어 해탈법문을 들려주소서."
"누가 묶었냐?"
"아무도 묶지 않았습니다."
"그런데 어찌 다시 해탈을 구하는가?"
이에 도신이 말끝에 크게 깨달았다.

－『선문염송』「108. 해탈(解脫)」

이것이야말로 '즉석해탈'이다. 바로 지금 여기에서 이대로 해탈인 것이다. 해탈의 의미는 '풀 해(解)', '벗을 탈(脫)', 즉 속박을 풀어 벗어나는 것이다. 그런데 아무도 묶은 적이 없으니 '본래해탈'이라고 하는 것이다. 이처럼 본래해탈이기 때문에 언제 어디서나 즉석해탈이 가능하다. 『선문염송』에서는 이렇게 설하고 있다.

"해탈에는 두 가지가 있으니 이구(離垢)해탈과 자성(自性)해탈이다. '누가 묶었냐?' 하는 것은 이구해탈이다. 속박은 마음으로부터 묶이는 것이고, 해탈은 마음으로부터 풀려나는 것이니, 해탈과 속박이 마음에 달려 있을 뿐이다. '아무도 묶지 않았습니다.' 함은 원래 청정한 근본해탈로서, 곧 자성해탈이다. 그러므로 '어찌 다시 해탈을 구하는가?'라고 한 것이다."

사람들은 대부분 가상현실에 묶여 살고 있다. 과거·현재·미래라는 시간과 몸·마음이 위치한 공간에 묶여 있다. 과거는 이미 흘러갔으며, 미래는 아직 오지 않았다. 현재는 잠시도 머무르지 않는다. 모두가 가상현실인 것이다. 또한 몸과 마음은 끊임없이 변한다. 고정된 실체가 없고 변화하는 현상만 있는 아바타인 것이다. 그런데도 지나가 버린 과거를 근심하고, 오지 않은 미래를 걱정하며, 현재에 기꺼이 머무르고자 한다. 스스로 묶여 있는 것이다.

아무도 나를 묶지 않았다. 스스로 마음의 족쇄에 갇혀 있을 뿐! 족쇄는 크게 세 가지가 있다. 탐욕의 족쇄, 분노의 족쇄, 어리석음의 족쇄다. 사실 족쇄를 차고 있는 것은 내가 아니다. 아바타일 뿐! 탐욕과 성냄, 그리고 어리석음의 족쇄는 아바타에게 맡겨 버리고, 바로 지금 여기에서 다만 바라볼 뿐!

"풀렸다!"

벌이 창을 두드리다

고령 신찬 선사가 어느 날 자신의 은사스님이 창 밑에서 경을 보고
있는데, 벌이 창을 두드리면서 나가려고 하는 것을 보고 말했다.
"세계가 저리 넓거늘, 나가려 하지 않고
묵은 종이만 두드리니, 나귀 해에나 나가게 되리라."
- 『선문염송』「403. 간경(看經)」

고령 신찬 선사는 어릴 적 복주 대중사 계현 스님에게 출가하였다.
행각할 때 백장 선사를 만나 깨달았으며, 뒤에 은사에게 돌아가니
은사가 물었다.
"그대는 나를 떠나 밖에 있으면서 어떤 공부를 하였는가?"
"아무것도 한 것이 없습니다."
그래서 마침내 일이나 하게 되었다. 하루는 스승의 때를 밀다가
등을 두드리면서 말하였다.
"법당은 참 좋다마는 부처가 영험이 없구나."
그 스승이 고개를 돌려보거늘 다시 말하였다.
"부처가 비록 영험은 없으나 방광(放光)은 할 줄 아는구나."
또 어느 날 스승이 창가에서 경을 보고 있는데, 벌이 열린 문은

놓아두고 닫힌 창에 부딪히면서 나가려 하자 말했다.

"세계가 저리 넓거늘, 나가려 하지 않고 묵은 종이만 두드리니, 나귀 해에나 나가게 되리라."

이에 스승이 가르침을 청하니 다음과 같이 백장 선사의 게송을 읊었다.

신령스런 광채가 홀로 빛나니 근(根)과 진(塵)을 멀리 여의었고
본체가 드러나 참되고 항상하니 문자에 구애되지 않는다.
마음의 성품은 물들지 않아 본래부터 원만히 이루어져 있으니
다만 허망한 연(緣)을 여의기만 하면 곧 여여(如如)한 부처로다.

문자의 구애 없이 볼 줄 알고, 들을 줄 아는 이것이 무엇인가?
육근(六根)과 육진(六塵)에 물들지 않고 방광하는 이것이 무엇인가?
이 성품은 물들지 않아 원만히 이루어져 있으니, 잘 써 주기만 하면 되리라.

"바로 지금 여기에서 보이는 것을 보기만 하고, 들리는 것을 듣기만 할 뿐!"

나는 하루 동안 어떤 수행을 해야 하는가?

저승사자들이 물러간 뒤에 주지가 이 일을 생각했다.

"나는 하루 동안 어떤 수행을 해야 하는가?"

-『마조록(馬祖錄)』

홍주 태안사 주지는 경(經)과 논(論)을 강론하는 강사였는데, 오직 마조 스님을 비방하기만 했다. 어느 날 삼경(三更)에 저승사자가 와서 문을 두드리니 주지가 물었다.

"누구시오?"

"저승사자인데, 주지를 데리러 왔다."

"내가 이제 예순일곱인데, 40년 동안 경론을 강하여 대중들에게 공부하게 하였으나 말다툼만 일삼고 수행은 미처 하지 못했으니, 하루만 말미를 주어 수행케 해 주시오."

"40년 동안 경론을 강의하기를 탐하면서도 수행을 못 했다면 이제서야 수행을 해서 무엇에 쓰겠는가? 한창 목마른데 우물을 파는 격이니, 무슨 소용이 있으랴?"

간신히 허락을 얻어 사자들이 물러간 뒤에 주지가 이 일을 생각했다.

"나는 하루 동안 어떤 수행을 해야 하는가?"

아무 대책이 없었다. 날 밝기를 기다릴 겨를도 없이 개원사로 달려가서 문을 두드려 마조 스님(709~788)께로 가 앞의 일을 자세히 말씀드리고 온몸을 땅에 던져 절을 한 뒤에 말했다.

"죽음이 닥쳐 왔는데 어찌해야 되겠습니까? 바라옵건대 스님께서 저의 남은 목숨을 자비로써 구제해 주십시오."

스님께서는 그를 곁에 서 있게 하였다. 날이 새자 저승사자는 태안사로 가서 주지를 찾았으나 찾지 못하고, 다시 개원사로 가서 주지를 찾았으나 찾지 못했다. 이때 마조 스님과 주지는 사자를 보았으나, 사자는 스님과 주지를 보지 못했다. 어째서였을까?

그대가 이런 경우를 당한다면 어떤 수행을 할 것인가? 지금 하고 있는 수행을 그대로 할 것인가? 그래도 오늘 밤 저승사자에게 들키지 않을 확신이 있는가?

저승사자가 보고 데려가는 것은 몸이 아니다. 마음이다. 마음은 움직이지 않으면 보이지 않는다. 마음이 움직이지 않으려면 어찌해야 할까? 마조 스님은 설한다.

"도는 닦을 것이 없으니, 다만 물들지만 말라. 무엇을 물듦이라 하는가? 생사심(生死心)으로 작위와 지향이 있게 되면 모두가 물듦이다. 그 도를 당장 알려고 하는가?

평상심(平常心)이 도(道)다. 무엇을 평상심이라 하는가? 조작이 없고, 시비가 없고, 취사가 없고, 단상(斷常)이 없으며, 범부와 성인이 없는 것이다."

이처럼 한 생각 일으키기 이전의 무분별(無分別)인 평상심을 유지해야 사자에게 들키지 않을 것이다. 그러자면 어떠한 생각도 해서는 안 된다. 어떠한 분별도 용납되지 않는다. 하지만 시시각각 덧없이 일어나는 수많은 생각들은 어떻게 처리해야 하는가?

부처님께서는 『법구경(法句經)』에서 송하셨다.

이 몸이 물거품과 같고
이 마음이 아지랑이 같음을 분명히 알아
욕망의 꽃을 꺾어 버리면
죽음의 왕도 그를 보지 못하리라.

몸과 마음은 물거품과 같고 아지랑이와 같다. 몸은 생로병사(生老病死)하고 마음은 생주이멸(生住異滅)한다. 시시각각 변화하는 현상이 있을 뿐 고정된 실체는 없다. 한마디로 아바타인 것이다. 이렇게 관찰해야 죽음의 왕도 그를 보지 못한다.

애욕이 일어나면 '아바타가 애욕을 일으켰구나.'라고 관찰한다.

불현듯 화가 나면 '아바타가 화를 내고 있구나.'라고 관찰한다.

두려움이 밀려오면 '아바타가 두려워하고 있구나.'라고 관찰한다.

그럴 때 거기에 그대는 없다. 다만 바라볼 뿐!

저승사자가 끌고 가는 것은 아바타 마음일 뿐이다. 관찰자를 끌고 갈 수는 없다. 관찰이 관찰자이기 때문이다.

"바로 지금 여기에서 다만 관찰할 뿐!"

부처를 뽑는 곳

방거사가 송하였다.

시방 사람들이 함께 모여들어
낱낱이 무위(無爲)를 배우나니
이곳은 부처를 뽑는 곳(選佛場)이라.
마음이 공(空)해져야 급제해 돌아가리.
 -『선문염송』「312. 시방(十方)」

무위를 배워서 마음이 공해져야 급제해 돌아간다 하였으니, 어떤 것이 무위이며, 어떤 것이 마음이 공해지는 것일까? 방거사는 송한다.

날마다 하는 일 별것 아니네. 오직 나 스스로 짝할 뿐!
어떤 것이든 취하지도 버리지도 않으니, 곳곳마다 어긋남이 없다네.
붉다느니 자주색이니 누가 불렀나? 언덕이나 산은 티끌 끊어졌네.
신통(神通)이니 묘용(妙用)이니 하는 것, 물 긷고 나무하는 것뿐!

스스로의 몸과 마음을 바라볼 뿐! 밖으로 취사선택하지 않는 것이 진정한 무위다. 그렇게 하면 붉거나 자주색이거나, 언덕이거나 산이거나 시비분별할 일이 없다. 물 길을 때 물 길을 뿐! 나무할 때 나무할 뿐! 거기에 '나'는 없다. 이것이 신통묘용(神通妙用)이자, 마음이 공해지는 지름길이다. 또한 방거사는 「임종게」에서 송한다.

> 다만 온갖 있는 바를 비우기 원할지언정
> 온갖 없는 바를 채우려 말라.
> 즐거이 머문 세간
> 모두 그림자 같고 메아리와 같나니!

모든 존재는 그림자 같고 메아리와 같다. 실체가 없이 공한 것이다. 그러므로 없는 바를 채우려 말고, 있는 바를 비워야 한다. 그 비결은 몸과 마음을 아바타로 관찰하는 것이다. 이것이 바로 지금 여기에서 마음이 공해져 급제해 돌아가는 것!

목불을 태워 사리를 얻으려 하다

단하가 혜림사에 묵는데 날씨가 매우 추웠다. 이때 불전에 목불이 있는 것을 보자 가져다가 불을 피웠다. 원주가 이를 우연히 보고 꾸짖어 말했다.

"어찌하여 목불을 태우시오?"

선사가 주장자로 재를 헤치면서 말하였다.

"나는 불에 태운 뒤에 사리를 얻으려고 한 것이네."

"목불에 무슨 사리가 있겠소?"

"사리가 없다면 다시 양쪽의 불상을 갖다가 태우리라."

원주는 나중에 눈썹이 빠졌다.

ㅡ『선문염송』「321. 목불(木佛)」

단하가 목불을 태웠거늘 원주는 어째서 눈썹이 빠졌을까? 어째서?

단하 천연 선사(739~824)는 처음에 유학(儒學)을 익혔는데, 커서 장안에 들어가 과거에 응하려고 여관방에 묵었다. 그때 어떤 선객(禪客)을 만났는데, 그가 '어디로 가느냐?'라고 묻기에 '과거를 보러 간다.' 하였더니, '관리에 뽑히는 것(選官)이 부처에 뽑히는 것(選佛)만 하겠느냐?'고 하였다. 선객에게 다시 '부처에 뽑히려면 어디로 가야 하느냐?' 하고 물으니 '지금 강서에 마조 대사가 계시니 그리로 가라.' 하기에 바로 마조 대사를 찾아갔다.

처음에 마조에게 인사하니 석두에게 보냈다. 석두에게서 머리를 깎고, 다시 강서 마조원(馬祖院)으로 가서 성승(교진여 비구의 등상)의 목에 올라탔다. 대중들이 놀라 마조에게 고하니 마조가 직접 나와서 보고 말하였다.

"나의 아들이 천연(天然)하구나."

선사는 곧 내려와 절을 하고 말하였다.

"스님께서 이름을 지어 주시니 고맙습니다."

이렇게 해서 '단하 천연'이라 불리게 된 것이다. 단하에게는 성상이든 불상이든 상(像)은 상(相)일 뿐 본질(體)이 아니었다. 곤산원이 송했다.

화신(化身)의 부처님을 살펴 관찰하니,
그 수효가 마치 티끌과 같구나.
아직 진실을 모를 때는 거짓이니,
한갓 깨달음의 인(因)만을 닦는다네.

다시, 단하가 목불을 태웠거늘 원주는 어째서 눈썹이 빠졌을까? 목불을 태운 것은 수승한 안목이요, 원주는 대반야(大般若)를 비방했기 때문이다. 부처님도 이미 아바타(化身)이거늘 불상(佛像)은 다시 말해 무엇하겠는가? 불상은 경배의 대상이다. 하지만 그 상징은 법(法)에 있다. 진실을 알면 방편이 되지만, 진실을 모르면 거짓일

뿐이다. 깨달음의 인(因)을 닦는 것보다 깨달음의 과(果)를 써나가야
한다. 열매는 이미 주렁주렁 열려 있다. 우선 맛을 보고 남들에게도
전해 주는 것이 지혜롭다. 이제서 인을 닦아 언제 열매를 맺겠는가?

　　바로 지금 여기에서 우선 맛볼 뿐!

수미산

운문 선사에게 어떤 스님이 물었다.

"학인이 한 생각도 일으키지 않아도 허물이 있습니까?"

선사가 말하였다.

"수미산!"

　　　－『선문염송』「1018. 수미산(須彌山)」

한 생각도 일으키지 않아도 허물이 있냐고 물었는데 수미산이라니? 이것이 무슨 뜻인가? 허물이 크다는 뜻인가?

　수미산은 우주의 중앙에 우뚝 솟은 높은 산이다. 이 산의 주위에 7산(山) 8해(海)가 있고, 또한 철위산(鐵圍山)에 둘러싸여 있으며, 물 위에 보이는 부분이 8만 유순(由旬)이고, 물속에 잠긴 부분이 8만 유순이라고 한다. 꼭대기에는 제석천이, 중턱에는 사천왕이 머문다. 한마디로 어마어마한 크기인 것이다.

　하지만 이 또한 가상현실이다. 몸은 생로병사하고, 마음은 생주이멸하며, 우주는 성주괴공(成住壞空)한다. 모든 존재는 변한다. 그러므로 몸과 마음은 아바타요, 우주는 가상현실인 것이다. 가섭 부처님은 송한다.

일체중생은 그 본성이 텅 비어서
본래부터 태어남도 없고 소멸함도 없다.
이 몸과 마음은 아바타(幻)로 생긴 것이다.
아바타(幻)에게는 죄도 없고 복도 없다.

몸과 마음은 아바타다. 수미산 또한 명칭이 있을 뿐 고정된 실체는 없다. 우주가 온통 변하는데, 그 안에 있는 어떤 존재인들 변하지 않겠는가? 변화하는 현상뿐인 아바타에게는 실체가 없는데, 허물을 따져서 어쩌겠는가?

그렇다고 함부로 살아서는 안 된다. 살생(殺生)·투도(偸盜)·사음(邪淫)·망어(妄語)를 일삼는다면 죽어서 지옥에 태어난다. 지나친 욕심으로 만족할 줄 모른다면 아귀보(餓鬼報)를 받는다. 자신과 가족만을 위해 산다면 축생(畜生)이 될 확률이 높다. 남을 배려할 줄 알고 인간답게 살면 다시 인간이 된다. 공덕을 짓기는 하되 다투기를 좋아하면 아수라에 태어난다. 계율을 지키고 보시를 하거나 수다원과를 획득하면 천상에 태어난다.

이러한 육도윤회(六道輪廻) 또한 모두 가상현실 속에서 배회하는 것이다. 이러한 가상현실에서 벗어나 항상 '바로 지금 여기'를 사는 것이 진짜 현실을 사는 것이다.

부대사가 『금강경』을 설해 마치다

양 무제가 부대사에게 『금강경』 강의를 청하니, 부대사는 즉시 법
좌에 올라가 경상을 한 번 내리치고 내려와 버렸다. 무제가 어리둥
절하니 지공이 물었다.
"폐하, 아시겠습니까?"
"모르겠습니다."
지공이 말했다.
"부대사는 경을 설해 마쳤습니다."
　　　　－ 『벽암록(碧巖錄)』 「67. 부대사강경경(傅大士講經竟)」

법좌에 올라가 경상을 한 번 내리친 것이 『금강경』 강의를 설해 마친
것이라니? 이게 도대체 무슨 소식인가?
　　양 무제는 중국의 어느 황제보다 불교에 대해 헌신적이었다. 많
은 절을 짓고, 스님들을 출가시켰으며, 스스로 경전 강의를 할 정도
였다. 특히 『금강경』에 남다른 관심이 있어서 그의 아들인 소명 태
자는 『금강경』의 내용을 32분과로 나누어 제목을 달기도 하였다. 그
래서 특별히 부대사에게 강의를 요청했는데, 경상을 한 번 내리치고
내려와 버리니 도무지 무슨 뜻인지 알 수가 없었던 것이다.

이는 달마 대사와의 기연(機緣)과 유사하다. 달마 대사가 양 무제를 만나자 무제가 물었다.

"어떤 것이 성스러운 진리의 첫 번째 의미인가?"

"툭 트여서 성스러움이 없습니다."

"그렇다면 짐을 마주한 그대는 누구인가?"

"모르지요(不識)."

무제는 앞서 부대사의 강설과 마찬가지로 달마의 말도 알아듣지 못했다. 그대는 알겠는가?

『금강경』은 아주 오래전 부처님께서 설하신 경전이다. 바로 지금 여기에서의 진짜 현실이 아닌 가상현실에서의 상황인 것이다. 바로 지금 여기에서 즉각 설하는 경전에 비할 수 있으랴? 서산대사는 『운수단(雲水壇)』에서 송한다.

내게 한 권의 경전이 있으니(我有一卷經)
종이나 먹으로 이루어진 것이 아니라네(不因紙墨成).
펼쳐보면 한 글자도 없건만(展開無一字)
항상 큰 광명을 놓는다네(常放大光明).

종이나 먹으로 이루어진 것이 아닌 이 신비한 경전은 누구나 이미 갖추고 있다. 바로 지금 여기에서 보고, 듣고, 느끼고, 아는 것! 이것이 항상 큰 광명을 놓는 것이다.

둘째,

이것뿐!

이 뭐꼬?

앉고 서고 보고 듣고, 옷을 입고 밥을 먹고, 사람 만나 말도 하고, 일
체 처 일체 시에 소소영영 지각(知覺)하는 이것이 무엇인가?

– 경허 선사, 「참선곡(參禪曲)」

마음도 아니고, 물건도 아니고, 부처도 아닌 이것이 무엇인가?

진정 보고, 듣고, 느끼고, 아는 이것이 무엇인가?

"이 뭐꼬(是甚麼)?"

몸뚱이는 송장이요, 망상번뇌는 본래 공한 것이다. 그렇다면 과
연 무엇이 견문각지하는 것인가?

동료들의 갑작스런 죽음을 체험한 바히야는 허겁지겁 먼 길을
떠나 부처님을 만나 간절히 법을 청했다. 마침 탁발을 가시던 부처
님께서는 길거리에 선 채로 간략히 법을 설하셨다.

"바히야여, 그대는 보이는 것을 보기만 하고, 들리는 것을 듣기
만 하고, 느끼는 것을 느끼기만 하고, 아는 것을 알기만 하라. 그럴 때
거기에 그대는 없다. 이것이 고통의 소멸이다."

이 게송을 듣고 바히야는 즉각 아라한과(阿羅漢果)를 성취했다.
견문각지할 뿐! 견문각지하는 자는 없다. 현상이 있을 뿐 실체는 없

다. 이처럼 모든 존재는 공(空)한 것이다. 색즉시공(色=空)이요, 공즉시색(空=色)이니, 결국 색즉시색(色=色)이다. 산은 산, 물은 물! 이것은 이것, 저것은 저것!

산도 있고 물도 있는 것이 아니다. 그저 '산은 산'이요, '물은 물'이다. 이것은 있고, 저것은 없는 것이 아니다. 그냥 '이것은 이것! 저것은 저것!'이다. 명칭이 있을 뿐 고정된 실체는 없다. 상대적인 유와 무를 초월한 '이것뿐!'이다.

'이것이 무엇인가?'라고 물었기에 '이것뿐!'이라 답했을 뿐, 설사 '이것'이라 해도 맞지 않는다. 가령 손뼉을 치면서 '손뼉 치는 이것이 무엇인가?'라고 물었다면 손뼉으로 답했을 것이다. 원상(○)을 그리면서 '원상을 그리는 이것이 무엇인가?'라고 물었다면 원상으로 답했을 것이다. 바로 지금 여기에서 이것뿐!

"견문각지가 견문각지할 뿐!"

밥 먹는 놈이 누구냐?

어느 날 밥을 먹는 도중 앞에서 함께 밥 먹던 이가 물었다.

"밥 먹는 놈이 누구냐?"

밥 먹는 놈이 누구냐고? 느닷없는 질문에 잠깐 멍해졌다. 아니, 내가 눈으로 보고, 손으로 떠서, 입으로 맛을 느끼며 먹는 게 아닐까? 그런데 누구냐고? 뚱딴지같은 질문이지만 왠지 망치로 한 방 맞은 기분이었다. 진짜 밥 먹는 이것이 무엇일까?

『육조단경(六祖壇經)』에서 육조 대사는 법달에게 설한다.

"법달이여, 나는 모든 세상 사람들이 스스로 언제나 마음자리에 불지견(佛知見)을 열고 중생지견(衆生知見)을 열지 않기를 바라노라. 세상 사람들의 마음이 삿되면 어리석고 미혹하여 악을 지어 스스로 중생지견을 열고, 세상 사람들의 마음이 바르고 지혜를 일으켜 관조하면 스스로 불지견을 여나니, 중생지견을 열지 말고 불지견을 열면 바로 출세하는 것이니라."

"법달이여, 마음으로 행하면 『법화경』을 굴리고, 마음이 삿되면 『법화경』에 굴리게 되느니라. 불지견을 열면 『법화경』을 굴리고, 중생지견을 열면 『법화경』에 굴리게 되느니라."

이러한 말을 듣고 법달은 육조 대사에게 말한다.

"큰스님이시여, 실로 일찍이 『법화경』을 굴리지 못했습니다. 7년을 『법화경』에 굴리어 왔습니다. 지금부터는 『법화경』을 굴려서 생각마다 부처의 행을 수행하겠습니다(修行佛行)."

이에 육조 대사는 말했다.

"부처의 행이 부처이니라(佛行是佛)."

　－『육조단경』

이것이 바로 불지견이다. 행위가 행위자다. 행위가 있을 뿐, 행위자는 없다.

중생지견은 행위자가 있어서 행위하는 것이다. 내가 밥 먹는 것이다.

불지견으로 관조하면 밥 먹는 자는 없다. 다만 밥을 먹을 뿐!

"밥 먹는 놈이 누구냐?"

"냠냠, 쩝쩝!"

어떤 것이 그대의 본래면목인가?

"선도 생각하지 말고, 악도 생각하지 말라.
바로 이러한 때, 어떤 것이 그대의 본래면목(本來面目)인가?"

　- 『육조단경』

혜능 행자가 의발을 빼앗고자 자신을 뒤쫓은 혜명에게 던진 화두이다. 혜명은 이 말을 듣고 언하(言下)에 대오(大悟)하였다. 과연 무엇을 깨친 것일까?

혜명은 혜능 행자가 오조 홍인의 의발을 전수받은 것이 크게 잘못된 것이라 생각했다. 그래서 두 달 반이나 대유령(大庾嶺)에 이르도록 쫓아 왔으니, 본시 의발을 빼앗으려는 것이었다. 혜능은 의발을 바위 위에 내놓으며 '이 옷은 믿음의 표시이거늘 어찌 힘으로 다툴까 보냐?' 하고 수풀 속에 숨었다. 혜명이 달려와 의발을 잡아 거두려 하였으나 꼼짝하지 않았다. 이에 혜명이 소리쳤다.

"행자시여, 행자시여, 저는 법을 위하여 왔습니다. 의발 때문에 온 것이 아닙니다."

그러자 혜능이 나와 반석 위에 앉으니, 혜명이 절을 하고 말하였다.

"바라옵건대 행자시여, 저를 위하여 법을 설해 주십시오."

혜능이 말하였다.

"그대가 이미 법을 위하여 왔을진대, 이제 모든 반연(攀緣)을 다 쉬고 한 생각도 내지 말라. 그대를 위하여 말하리라."

그리고 잠자코 있다가 위와 같이 법을 설하였고, 혜명은 언하에 대오하였던 것이다.

이른바 개과천선(改過遷善)이다. 의발을 빼앗으려는 마음을 고쳐서 법을 구하는 마음으로 돌이킨 것이다. 이것이 어떻게 가능한가? 마음이란 본래 고정된 실체가 없기 때문이다.

어떤 스님이 '본래면목' 화두를 참구하며 수행하는 도중, 하루는 장터를 지나가게 되었다. 시끌벅적한 소리에 다가가 보니 두 사람이 멱살을 잡고 다투고 있었다. 주변에서 사람들이 뜯어말리자 잠시 뒤 두 사람은 화해를 하게 되었는데 그중 한 사람이 말했다.

"면목이 없네."

이 말을 듣고 확 깨치게 되었다. 본래면목은 무(無)면목이다. 정해진 면목이 없으므로 어떠한 면목으로도 나타날 수 있다. 그게 바로 지금의 '이 면목'이다.

'눈은 옆으로, 코는 우뚝(眼橫鼻直)!'

크게 수행하는 이도 인과에 떨어지나?

백장이 매일 당에 오르면 한 노인이 법문을 듣다가 대중들을 따라 흩어지곤 하였다. 그런데 어느 날은 가지 않고 있어 선사가 물었다.

"서 있는 이는 누구인가?"

"저는 가섭불 때에 진작 이 산에 살았는데, 어떤 학인이 '크게 수행하는 이도 인과(因果)에 떨어집니까?' 하고 묻기에 '인과에 떨어지지 않는다(不落因果).'라고 하여 여우의 몸을 받았습니다. 지금 바라옵건대 화상께서 한 마디 대신해 주십시오."

"물어보거라."

"크게 수행하는 이도 인과에 떨어집니까?"

"인과에 어둡지 않느니라(不昧因果)."

노인이 이 말끝에 크게 깨닫고 하직 인사를 하며 말하였다.

"저는 이미 여우의 탈을 면했습니다. 이 산 뒤에 시체가 있으니 죽은 스님을 천도하는 법식에 의해 천도해 주십시오."

선사가 유나를 시켜 종을 쳐 대중들에게 알리고, 공양 끝에 망자를 보내는 울력을 부치니 대중들이 어리둥절하였다. 만참(晚參) 때가 되어 선사가 다시 앞의 인연을 들었다.

- 『선문염송』「184. 야호(野狐)」

대홍은이 송하였다.

불락(不落)과 불매(不昧)여! 떼를 이루고 무리를 지었도다.
사자는 사람을 무는데, 사나운 개는 돌덩이를 쫓는구나.

인과에 떨어지지 않는다는 말이나, 인과에 어둡지 않다는 말에는 모두 '나'가 있다. 내가 '인(因)'을 짓고 내가 '과(果)'를 받는 것이다. 여우의 탈은 겨우 벗었지만 다시 인간의 탈을 쓰게 될 줄이야. 둘 다 아직 돌덩이를 쫓고 있구나. 다만 짓고 받을 뿐, 짓고 받는 이가 없는 경지에 이르러서야 비로소 진정한 풍류를 즐기게 되리라.

인과에 어둡지 않으려면 세 가지 차원을 모두 알아야 한다. 첫째는 선인후과(先因後果)이다. 웃을 일이 생기면 웃는다. 둘째는 과선인후(果先因後)다. 웃자, 웃을 일이 생긴다. 셋째는 인과동시(因果同時)다. 웃는 것이 웃을 일이다. 그렇다면 웃는 놈은 누구인가?

"우하하하하하!"

뜰 앞의 잣나무

조주 선사에게 어떤 스님이 물었다.

"어떤 것이 조사께서 서쪽에서 오신 뜻입니까?"

"뜰 앞의 잣나무니라."

— 『선문염송』「421. 백수(栢樹)」

이 문답과 관련해 "조사서래의(祖師西來意)를 물었는데, 어째서 '뜰 앞의 잣나무'라 했을까? 어째서?"라고 참구하는 것이 '뜰 앞의 잣나무' 화두이다. 달마 조사가 인도에서 중국에 오신 까닭을 물었는데, 난데없이 '뜰 앞의 잣나무'라니? 그야말로 동문서답이 아닌가?

당시 조주 선사가 머물던 절 마당에 잣나무(혹은 측백나무)가 많았다고 한다. 그래서 질문한 스님이 다시 말했다.

"화상께서는 경계를 가져다 사람들에게 보이지 마십시오."

"나는 경계를 가져다 사람들에게 보이지 않노라."

그래서 그 스님이 다시 물었다.

"어떤 것이 조사께서 서쪽에서 오신 뜻입니까?"

"뜰 앞의 잣나무니라."

우하하하! 답은 여전히 똑같다. 이는 동문서답이 아니라 우문현

답이다. 묻는 스님에게 '뜰 앞의 잣나무'는 객관적 경계였지만, 조주 선사에게 '뜰 앞의 잣나무'는 주객이 나누어지기 전 눈앞의 진리였던 것이다.

훗날 섭현성에게 어떤 스님이 와서 '뜰 앞의 잣나무' 화두를 물으니 성이 말하였다.

"처마 끝에서 떨어지는 물방울 소리가 들리는가?"

그 스님이 활짝 깨닫고 자기도 모르는 결에 "아!" 하니 성이 물었다.

"그대는 어떤 도리를 보았는가?"

그 스님이 문득 게송으로 답하였다.

"처마 끝의 빗방울이 분명하게 떨어져서 건곤(乾坤)을 타파하니 당장에 마음이 쉬는구나!"

과거 뜰 앞의 잣나무는 그만두고, 지금 처마 끝에서 떨어지는 물방울 소리를 듣는 이는 누구인가? 내가 듣는 것이 아니다. 들음이 있을 뿐 보고 듣는 자는 없다.

"보이는 것을 보기만 하고, 들리는 것을 듣기만 할 뿐!"

구구 팔십일

운문에게 어떤 스님이 물었다.

"어떤 것이 최초의 한 구절입니까?"

"구구는 팔십일이니라."

"어떤 것이 위로 향하는 한 가닥 길입니까?"

"구구는 팔십일이니라."

"이(以) 자도 아니고, 팔(八) 자도 아닙니다. 무슨 자이겠습니까?"

"구구는 팔십일이니라."

　　　　　 - 『선문염송』「1027. 최초(最初)」

어째서 운문 선사(864~949)는 어떤 질문에도 '구구는 팔십일'이라 답했을까? 어째서?

　간화선의 생명은 의심이다. 의심은 믿음으로 바탕을 삼고, 의심의 작용으로 깨달음을 향해 나아간다. 반신반의한 마음을 의심이라는 작용을 통해 확고한 신심(信心)으로 만드는 것이 화두의 효용이다. 이것은 마치 무쇠를 단련하여 강철을 만드는 용광로와 같다.

　고봉 선사는 설했다.

"천 가지 의심과 만 가지 의심이 이 한 가지 의심뿐이니, 이 의심을 해결한 자는 다시 다른 의심이 없다."

천 가지 의심과 만 가지 의심을 화두라는 한 가지 의심으로 몰아 해결하면 모든 의심이 사라진다. 그래야 진리에 대한 확고한 신심이 정립되는 것이다.

진리는 등식이다. 색즉시공(色=空)이요, 공즉시색(空=色)이니, 결국 색즉시색(色=空=色)이다. 등식은 결코 틀리지 않는다. 남거나 모자람이 없으며, 군더더기가 없다. 한마디로 종적이 없는 것이다. 최초의 한 구절이나, 위로 향하는 한 가닥 길이나, 어떠한 글자라도 모두 본시 종적이 없었다. 고정된 실체가 없으며, 다만 그때그때의 형편에 맞추어 나온 것이다. 설두 중현은 송한다.

삼삼은 구요, 구구는 팔십일이라 하니, 낱낱이 형편에 맞추어 부르는 대로 나온 것이다. 천고에 누가 있어 같이 알리요. 한 터럭의 사자만 있으면 뭇 터럭이 끝난다.

어째서 구구는 팔십일이라 했느냐고? 구구단을 모두 외울 필요는 없다.

"구구는 팔십일이니라."

어떤 물건이 이렇게 왔는가?

남악 회양 선사가 숭산에서 와 뵙자, 육조 스님이 물었다.

"어떤 물건이 이렇게 왔는가?"

회양은 어쩔 줄 모르고 쩔쩔매다가 8년 만에 깨치고 나서 말했다.

"설사 한 물건이라 해도 맞지 않습니다."

- 『선가귀감(禪家龜鑑)』

서산대사는 말했다.

"여기 한 물건이 있는데 본래부터 한없이 밝고 신령스러워 일찍이 나지도 않았고, 죽지도 않았다. 이름 지을 길 없고, 모양 그릴 수도 없다."

그러고는 스스로 주(註)를 달아 "한 물건이란 무엇인가?" 묻고, 스스로 "○(원상)"으로 답했다. 한 물건이란 바로 원상(○)이라는 것인가?

일찍이 육조 대사는 설했다. "부처의 행이 부처다(佛行是佛)."

부처의 행(行)이 부처라면, 나의 행(行)이 나다. 행위가 행위자다. 행위가 있을 뿐! 행위자는 없다. 그러므로 무어라 이름 지을 길 없고, 모양을 그릴 수도 없는 것이다. 설사 한 물건이라 해도 맞지 않는 것이다.

이러한 답변에 육조 대사가 다시 묻는다.

"그렇다면 닦고 깨침을 필요로 하는가?"

"닦고 깨침이 없지는 않으나, 오염은 될 수 없습니다."

"이 오염되지 않는 것이 모든 부처님께서 호념(護念)하는 바이다. 그대가 이미 이와 같고 나 또한 이와 같다."

닦고 깨침이 있을 뿐, 닦고 깨치는 자는 없다. 견문각지할 뿐, 견문각지하는 자는 없다. 견문각지 자체는 오염되지 않는다. 더러운 것을 보았다고 더러워지지도 않으며, 나쁜 말을 들었다고 나빠지지도 않는다. 다만 보고 들을 뿐!

"한 물건이란 무엇인가?"

"○(원상을 그렸다.)"

옛 부처님 나기 전의 의젓한 동그라미, 석가도 아직 모르는데 가섭이 어찌 전하랴? 우하하하하!

"다만 바라볼 뿐!"

도는 닦는 데 속하지 않는다

어떤 스님이 (마조 스님에게) 물었다.

"무엇이 도를 닦는 것입니까?"

"도는 닦는 데 속하지 않는다(道不屬修). 닦아서 체득한다면 닦아서 이루었으니 다시 부서져 성문(聲聞)과 같아질 것이며, 닦지 않는다 하면 그냥 범부이다."

– 『마조록』

도는 닦는 것이 아니라고? 이게 무슨 뜻인가?

마조 스님의 가르침은 가히 파격적이다. 사람들은 상식적으로 수행이라는 원인을 통해 깨달음이라는 결과를 얻는 것으로 생각하고 있다. 하지만 이는 말 그대로 상식적인 견해에 불과할 뿐이다. 도를 닦아서 깨친다고 하면 아라한의 단계에 불과하며, 그나마 닦지 않는다고 하면 그냥 범부라고 하는 것이다. 둘 다 참다운 도의 경지와는 거리가 먼 것이다. 그렇다면 어떻게 해야 하는가?

도는 닦을 것이 없으니 물들지만 말라(道不用修 但莫汚染). 무엇을 물들임이라 하는가? 생사심으로 작위와 지향이 있게 되면 모두가 물듦이다. 그 도를 당장 알려고 하는가? 평상심이 도이다. 무엇을 평상심이라고 하는가? 조작이 없고, 시비가 없고, 취사(取捨)가 없고, 단상(斷常)이 없으며, 범부와 성인이 없는 것이다.

- 『마조록』

자성은 본래 완전하니 선이다, 악이다 하는 데 물들지만 않으면 된다는 것이다. 즉 평상심을 유지하면 그만이다. 평상시의 우리 마음은 시비분별을 떠나 있다. 다만 사랑하거나 미워하는 경계에 부딪혀 홀연 분간하고 선택할 따름인 것이다. 순간순간 평상심이 흔들림으로써 지속적으로 느껴지는 것이다.

그렇다면 망념(妄念)에 물들지 않고 평상심을 유지하기 위해 어찌해야 할까? 망념은 본래 실체가 없다. 마치 허공에 홀연히 생겨난 구름과 같다. 선한 생각은 흰 구름이요, 악한 생각은 먹구름이다. 허공은 흰 구름이 온다고 반기지 않으며, 먹구름이 온다고 막지 않는다. 흰 구름이든 먹구름이든 다만 바라볼 뿐! 이것이 평상심이다.

"아바타가 시비분별을 일으키는구나. 마하반야바라밀."

다만 바라볼 뿐!

눈과 귀가 없다고?

사리자여! 그러므로 공(空)한 가운데는 물질 없고, 느낌 없고, 인식 없고, 의지 없고, 기억 없다. 눈·귀·코·혀·몸과 마음 또한 없고, 형상·소리·냄새·맛·감촉과 대상도 없으며, 눈의 세계 내지는 의식의 세계까지 없느니라.

– 『반야심경』

군주 동산 양개 선사(807~869)는 어릴 적 스승을 따라 절에 가서 『반야심경』을 외우다가 문득 의문이 생겼다. 『반야심경』에는 '눈·귀·코·혀·몸·뜻이 없다.'라는 대목이 있다. 이에 이르러 커다란 의심이 생긴 것이다. 눈과 귀가 없다고? 어째서 없다는 것일까? 이렇게 멀쩡히 있거늘. 어째서?

스승에게 그 이치를 물으니, 스승은 선사의 뛰어남에 놀라서 말했다.

"나는 그대의 스승이 아니니라."

그리하여 바로 오설산에 가서 영묵 선사에게 귀의하고 머리를 깎았다. 21세에 숭산에 가서 구족계를 받고 공부 길을 떠나 남전에게 참문하고, 다음에는 위산에 가서 무정설법을 묻고 마침내 운암에 이르러 말했다.

"백 년 뒤에 갑자기 누가 화상께 '스님의 진영을 그릴 수 있겠습니까?'라고 묻는다면 무엇이라 답하시겠습니까?"

운암이 잠자코 있다가 말했다.

"다만 이것뿐(只這是)이니라."

이에 선사가 우두커니 생각에 잠기니 운암이 말했다.

"이 일을 알아들으려면 반드시 자세히 살펴야 하느니라."

선사가 그래도 의심에 잠기었는데 나중에 냇물을 건너다가 물 속의 그림자를 보고 크게 깨달았다. 그리하여 다음과 같이 송했다.

> 절대로 딴 곳에서 찾지 말지니
> 멀고도 멀어서 나와는 소원하다.
> 나 지금 혼자 가지만 곳곳에서 그와 만난다.
> 그가 바로 지금의 나요, 나는 지금 그가 아니다.
> 응당 이렇게 알아야 비로소 여여함에 맞아 떨어지리라.

유일한 진짜 현실은 항상 '바로 지금 여기에서 이것뿐!'이다. 과거는 이미 흘러갔으며, 미래는 아직 오지 않았다. 현재는 잠시도 머무르지 않는다. 그러므로 과거·현재·미래는 모두 가상현실이다.

어제의 몸과 오늘의 몸은 다르다. 오늘의 몸과 내일의 몸도 다르다. 물속의 그림자와 마찬가지로 고정된 실체가 없다. 변화하는 현상이 있을 뿐! 결국 명칭이 있을 뿐 실체는 없는 것이다. 아바타(化身)다. 이렇게 깨치면 항상 '이것뿐!'이지만, 명칭에 집착해서 고정된 실체가 있다고 생각하면 '진짜 나'와는 멀고도 멀어진다.

눈도 있고, 귀도 있는 것이 아니다. 그렇다고 아예 없는 것도 아니다. 그럼 무엇인가?

"눈은 눈! 귀는 귀!"

호떡

운문 선사에게 어떤 스님이 물었다.

"어떤 것이 부처를 초월하고 조사를 뛰어넘는 말씀입니까?"

선사가 답했다.

"호떡!"

– 『선문염송』「1022. 호병(餬餅)」

부처를 초월하고 조사를 뛰어넘는 경지를 물었는데 '호떡'이라니? 이것이 무슨 뜻인가?

부처님께서 한 농부에게 수다원과를 얻게 하기 위하여 거의 천 리 길을 걸어 농부가 사는 마을에 도착했다. 그날따라 농부는 키우던 소가 도망쳐 이를 찾느라 아침밥도 못 먹고 한낮이 다 되어서야 법문 장소에 도착했다. 부처님께서는 먼저 농부에게 밥을 먹도록 하고, 밥을 다 먹을 때까지 기다려 법을 설하셨다. 제자들이 이를 의아해 묻자 부처님께서는 답하셨다.

"배고픔의 고통을 겪고 있는 사람에게 법문을 하면 이해하지 못할 것이라 생각해 음식을 가져다주도록 한 것이다. 이 세상에 배고픔의 고통보다 더한 고통은 없다."

법공양만큼 중요한 게 밥 공양이다. 법공양은 마음의 고통을 없애 주고, 밥 공양은 육신의 고통을 없애 준다. 때로는 밥이 먼저이고, 법은 나중이다. 그러므로 배고프면 밥 먹고, 졸리면 잠자는 것이 부처와 조사를 뛰어넘는 경지이다.

대주 혜해 선사에게 어떤 이가 물었다.

"화상께서도 도를 닦으실 때 공력을 쓰십니까?"

"공력을 쓴다."

"어떻게 공력을 쓰십니까?"

"배고프면 밥 먹고, 피곤하면 잠을 잔다."

"모든 사람들이 그러하니, 스님과 똑같이 공력을 쓴다고 하겠습니다."

"똑같지 않다."

"왜 똑같지 않습니까?"

"그들은 밥을 먹을 때도 그냥 밥을 먹지 않고 온갖 분별을 따지며, 잠을 잘 때도 그냥 잠을 자지 않고 갖가지 계교(計巧)를 일으키기 때문에 같지 않은 것이다."

부처를 초월하니, 조사를 뛰어넘니 하는 말은 모두 분별과 계교에 불과하다. 부처와 조사 또한 명칭이 있을 뿐 실체는 없다. 부처의 행이 부처다. 행위가 행위자다. 행위가 있을 뿐 행위자는 없다. 진정 부처를 초월하고 조사를 뛰어넘는 말을 알고 싶은가?

"냠냠, 짭짭! 드르렁, 쿨쿨!"

한 번 때리자 알던 것 다 잊어버리다

등주 향엄 지한 선사가 기와 조각을 던지다가 대나무에 부딪쳐 나는 소리를 듣고 홀연히 깨달은 뒤 다음과 같이 송하였다.

> 한 번 때리자 알던 것 다 잊어버리고,
> 다시는 닦고 다스리지 않게 되었네.
> 덩실덩실 옛길을 넘나드니,
> 더 이상 근심 걱정 않는다네.
> 곳곳에 자취가 없고,
> 빛과 소리 밖의 위의(威儀)로다.
> 제방(諸方)의 도를 아는 이들이,
> 모두가 최상의 근기라 하네.
> -『선문염송』「1022. 일격(一擊)」

향엄은 위산 선사로부터 '부모에게서 태어나기 전의 본래면목이 어떤 것인지 한 마디로 일러 보라.'라는 추궁을 받았다. 그는 총명하고 영리하며 보고 들은 것이 많아 그동안 수집해 놓은 기록들을 모조리 뒤져 보았으나 한 마디도 대꾸할 수 없었다. 이에 '그림의 떡으로는 허기를 채울 수 없구나.' 하며 책을 모조리 태워 버렸다. 그 후 남양 혜충 국사의 옛터를 참배하던 중 기와 조각이 대나무에 부딪히는 소리를 듣고, 자기도 모르게 웃음을 터뜨리며 확연히 깨쳐 위의 게송을 지은 것이다.

알던 것을 다 잊어버리자 오히려 닦고 다스릴 필요가 없게 되었다. 천진면목을 깨치게 되니 더 이상 헐떡이지 않게 된 것이다. 천진면목은 무(無)면목이기에 자취가 없다. 설혹 근심 걱정이 있다 하더라도 '내'가 근심 걱정하는 것이 아니다. 근심 걱정이 있을 뿐! 근심 걱정하는 자는 없다. 보이는 것을 보기만 하고, 들리는 것을 듣기만 할 뿐! 거기에 '나'는 없다. 향엄은 다시 다음과 같이 역설하고 있다.

작년의 가난함은 가난함이 아니요,
금년의 가난함이 비로소 가난함이라.
작년에는 송곳 꽂을 땅도 없더니,
금년에는 송곳조차 없도다.

이른바 '내가 없다'는 생각조차 사라진 경지이다. 이에 앙산이 말하였다.

"여래선은 사형이 알았다고 하겠지만, 조사선은 꿈에도 보지 못하였소."

이에 선사가 다시 게송 하나를 지었다.

나에게 한 기개가 있으니, 눈을 깜박여 보여서

만약 알아차리지 못한다면, 달리 사미를 부르리.

앙산이 말하였다.
"사형이 조사선을 알게 되니 반갑소이다."
여래선은 무아(無我)요, 조사선은 시아(是我)다.
행위자는 없다. 행위가 있을 뿐!
눈을 깜박이는 자는 없다. 눈을 깜박일 뿐!
알겠는가?
그래도 알아차리지 못한다면, 달리 사미를 불러 내쫓을 수밖에.
눈치 빠른 앙산은 다행히 이를 피했구나.
우하하하하!

셋째,

알겠는가?

어디에 계시오?

황벽이 홍주 개원사에 있는데, 어느 날 배 상국이 들어왔다가 벽에
걸린 초상화를 보고 원주에게 물었다.

"벽에 걸린 것이 무엇인가?"

"큰스님들의 초상입니다."

"초상들은 볼 만한데 큰스님들은 어디에 계시오?"

원주가 말이 막히거늘, 배 상국이 다시 물었다.

"여기 참선하는 스님이 계시오?"

"희운이라는 수좌 하나가 있는데 참선하는 납자 같았소."

이에 배 상국이 선사를 불러 앞의 일을 얘기하니 선사가 말했다.

"마음대로 물으시오."

"초상은 볼 만한데 큰스님은 어디에 계시오?"

선사가 불렀다.

"상공!"

배 상국이 대답하거늘, 선사가 말하였다.

"어디에 계시오?"

배 상국이 말끝에 활짝 깨달았다.

－『선문염송』「393. 형의(形儀)」

078

'상국'은 벼슬 이름이다. 배휴는 이미 돌아가신 큰스님들의 초상화를 보고 어디에 계신지 물었다. 황벽은 그를 불렀고, 배휴가 대답하자 되물었다. "어디에 계시오?" 이에 배상국이 말끝에 활짝 깨달았다 하니, 과연 배상국이 깨달은 것이 무엇일까?

과거는 이미 흘러갔다. 미래는 아직 오지 않았다. 현재는 잠시도 머무르지 않는다. 바로 지금 여기에서 보면 과거·현재·미래가 모두 가상현실인 것이다. 가상현실 속의 모든 존재는 아바타다. 고정된 실체는 없다. 다만 변화하는 현상이 있을 뿐이다. 마치 꿈과 같고, 물거품과 같고, 아지랑이와 같다.

그러므로 가상의 존재가 어디에 있는지 묻는 것은 마치 꿈, 물거품, 아지랑이가 어디에 있냐고 묻는 것과 같다. 묻는 그 순간 이미 지나가 버렸다. 끊임없이 변화하는 존재가 과연 어디에 있을까? 그대를 부르고 답하는 순간 물으리라.

"어디 있습니까?"

어찌 홀연히 산하대지가 생겼는가?

낭야 혜각 선사에게 장수 좌주가 물었다.

"청정본연(淸淨本然)하거늘 어찌 홀연히 산하대지가 생겼습니까?"

이에 선사가 소리를 높여 말했다.

"청정본연하거늘 어찌 홀연히 산하대지가 생겼는가?"

좌주가 언하에 대오했다.

- 『선문염송』「1379. 청정(淸淨)」

'좌주'는 강사를 말한다. 본인에게 익숙한 『능엄경』의 내용을 빌어 낭야 선사가 답하기 힘든 질문을 던진 것이다. 이제부터 한바탕 설전을 벌일 요량이었다. 경전의 내용이야 자신만큼 잘 아는 사람이 어디 있으랴?

하지만 낭야 선사는 가타부타 설하지 않고, 곧바로 똑같은 질문을 좌주에게 되돌려 준다. 고정관념에 입각한 질문에 대한 가장 좋은 답변은 반문이다. 돌이켜 물어서 스스로 답을 찾도록 하는 것이다. 『능엄경』에서 부루나가 세존께 묻는다.

"세존이시여! 만약 세간의 모든 육근·육입(六入)·오음(五陰)·십이처(十二處)·십팔계(十八界) 등이 그대로 다 여래장(如來藏)이어서

원래로 청정하고 본연하다면, 어찌하여 홀연히 산하대지의 갖가지 유위(有爲)의 모습이 생겨나서 차례로 변천하여 흘러서 마쳤다가 다시 시작하곤 하는 것입니까?"

그러자 세존께서 답하신다.

"이는 마치 눈에 티끌이 들어 병이 난 사람이 허공의 꽃을 보는 것과 같다. 눈병이 없어지면 허공의 꽃은 저절로 없어질 것이다."

산하대지는 허공의 꽃(空華)이다. 변화하는 현상이 있을 뿐 고정된 실체가 있는 것이 아니다. 세상에 고정된 실체가 있다고 보는 것은 착각이자 착시현상이다. 눈병이 나서 허공의 꽃이 있는 것처럼 보일 뿐 눈병이 없어지면 허공의 꽃은 저절로 사라진다. 백운연이 이를 들어 말하였다.

"금 부스러기가 비록 귀하나, 눈에 들어가면 병이 되느니라."

이 세상은 허공의 꽃이요, 바다의 물거품이다. 세간의 모든 존재는 공(空)한 것이다. 산하대지 또한 변화하는 현상이 있을 뿐 실체가 있는 것이 아니다. 다만 명칭이 있을 뿐 고정된 실체는 없다. 산도 있고 물도 있는 것이 아니다. 그럼 무엇인가?

"산은 산! 물은 물!"

어떤 것이 불법인가?

무주 금화산 구지 화상은 누가 묻기만 하면 손가락 하나를 세울 뿐
이었다. 그 스님이 운명하려 할 때 대중들에게 말하였다.

"내가 천룡에게서 한 손가락 선(一指頭禪)을 얻은 뒤로 일생 동안을
수용해도 다하지 못했느니라."

– 『선문염송』 「552. 일지(一指)」

과거에 구지 화상이 암자에 주지로 있을 때, 어떤 비구니가 삿갓을
쓰고 곧장 달려와서 그의 선상을 한 바퀴 돌고는 '바로 이르면 삿갓
을 벗으리라.' 하였다. 그때 구지가 아무 말도 못하니 비구니는 소매
를 뿌리치면서 떠나갔다. 이에 '왜 더 쉬었다가 가지 않는가?' 하니,
비구니가 '바로 이르면 머무르겠소.' 하거늘, 그는 또 아무 말도 못했
다.

비구니가 떠난 뒤에 스스로 한탄하기를 '나는 명색이 대장부로
서 여인네만도 못하구나.' 하고는 당장에 암자에 불을 지르고 산을
떠나려 했다. 그날 밤 홀연히 꿈속에서 산신(山神)이 나타나 산을 떠
나지 말고 기다릴 것을 권하였다.

며칠 뒤에 천룡 화상이 왔는데, 그가 앞서 일을 들어 이야기하

니 천룡은 그대로 물으라 하였다. 구지가 '바로 이르면 삿갓을 벗으
리라.' 하니 천룡이 손가락 하나를 세우거늘, 구지가 갑자기 크게 깨
달았다. 그런 뒤로는 항상 누가 물으면 한 손가락만을 세우면서 늘
'나는 천룡에게 일지두선을 받아서 평생 수용해도 다함이 없노라.'
하였다.

구지의 곁에서 시봉하는 동자가 하나 있었는데, 항상 그에게 와
서 여러 다른 일을 묻는 사람들을 보았으므로 자기도 손가락 세우는
법을 배웠다. 어떤 사람이 구지에게 이 일을 일렀다. 구지가 이 말을
듣고 어느 날 가만히 칼 한 자루를 소매에 넣고 동자를 불러 '가까이
오너라. 듣자 하니 너도 불법(佛法)을 안다던데, 사실이냐?' 하자, 동
자가 '그렇습니다.' 하였다. 구지가 '어떤 것이 불법인가?' 하자, 동자
가 손가락을 세우려던 차에 구지가 붙들어 칼로 손가락을 끊어 버리
니, 동자는 소리를 지르면서 달려 나갔다. 이에 구지가 동자를 부르
면서 '어떤 것이 불법인가?' 하니, 동자가 모르는 결에 손가락을 세우
려다가 손가락이 보이지 않자 문득 깨달았다. 무엇을 깨달았을까?

손가락은 실체가 없다. 변화하는 현상이 있을 뿐! 이른바 공(空)
한 것이다. 있는 것을 볼 때는 깨치지 못하더니, 없는 것을 보더니 비
로소 깨쳤구나. 다만 바라볼 뿐!

임제 할!

임제는 무릇 스님이 들어오는 것을 보면 할(喝)을 하였다.
대홍은이 송하였다.

문에 들어서자 할을 하니, 벌써 크게 잘못되었다.
끝없는 바보 납자가 또다시 다 꾸려서 말을 하네. 돌!

― 『선문염송』 「633. 변할(便喝)」

진주 임제 의현 선사가 황벽의 회상에 있을 때 제1좌의 권유에 따라
황벽에게 물었다.

"어떤 것이 불법의 뚜렷한 대의입니까?"

황벽이 갑자기 때렸다. 이를 세 차례 거듭하자 곧 하직을 고하
니, 황벽이 대우에게 가 보라고 지시했다. 대우가 물었다.

"어디서 오는가?"

"황벽에게서 옵니다."

"황벽이 무슨 말을 하던가?"

"내가 불법의 적적대의(的的大義)를 세 번 물었다가 세 차례나
매를 맞았소. 내게 무슨 잘못이 있다는 걸까요?"

"황벽이 그토록 간절한 마음으로 그대를 위해 애썼거늘, 이제 와서 허물이 있나 없나를 묻는가?"

임제가 이 말끝에 크게 깨닫고 말하였다.

"황벽의 불법이 원래 별거 아니구나."

대우가 임제의 멱살을 잡아 세우고 말했다.

"이 오줌싸개 같은 놈이 아끼는 허물이 있네 없네 하더니 이제 와서는 불법이 별거 아니라니, 네가 무슨 도리를 봤다는 거냐? 빨리 말하라. 빨리 말하라."

이에 대우의 갈비를 세 차례 쥐어지르니, 대우가 탁 풀어놓으면서 말했다.

"그대의 스승은 황벽이다. 나와는 관계가 없느니라."

임제가 얻은 곳은 황벽에게 맞은 데 있는 것도 아니고, 대우를 때린 데 있는 것도 아니다. 그럼 어디에 있는가?

맞으면서 배워서 할로 가르치니, 입을 틀어막기는 마찬가지다.

다만 맞고 때릴 뿐, 맞고 때리는 이는 없구나. 할!

덕산 방!

덕산은 어떤 스님이든지 들어오는 것을 보면 문득 때렸다.
장령탁이 송하였다.

덕산의 방망이와 임제의 할이여!
구리로 만든 금강과 무쇠로 된 보살이라.
우레가 진동하는 곳에 귀가 다 멀고
별이 사라질 때에 눈이 모두 먼다.
눈이 먼다 함이여! 그대에게 조계의 달을 가리켜 주노라.
　　- 『선문염송』「672. 편방(便棒)」

덕산이 용담에 있을 때 밤늦게 입실하니, 용담이 말하였다.
　　"그냥 돌아가라."
　　덕산이 인사를 드리고 발을 거두고 나오려니 밖이 어둡기에 돌아서서 말하였다.
　　"스님, 밖이 어둡습니다."
　　그러자 용담이 지촉에 불을 붙여 건네주었다. 선사가 막 받아가지려는데 용담이 확 불어 불을 끄니 선사가 모르는 결에 소리를 질렀다.

"내가 지금부터는 천하 노화상의 혀끝을 의심하지 않겠습니다."

이튿날 용담이 법당에 올라가서 말하였다.

"이 가운데 어떤 이는 어금니가 칼 나무 같고, 입이 피를 담은 동이 같은데, 한 방망이 때려도 고개도 돌리지 않는다. 다른 날 외딴 봉우리 위에서 나의 도를 퍼뜨리리라."

그러자 선사가 『금강경』 소초(疏抄)를 가지고 법당 앞으로 가서 말하였다.

"온갖 현묘한 말재주를 다 부리더라도 터럭 하나를 허공에 날린 것 같고, 온갖 재간을 다 부리더라도 한 방울 물을 바다에 던진 것과 같다."

그러고는 소초를 태웠다.

말재간은 필요 없다. 귀와 눈을 닫고 곧바로 성품을 보아야 한다. 임제는 할로 가르치고, 덕산은 방으로 가르쳤다. 하지만 견문각지하는 성품은 한결같으니 아무런 상관이 없다. 견문각지하는 자는 없다. 다만 견문각지할 뿐! 그래도 모르겠는가? 덕산의 방망이로 맞아 봐야 비로소 알 수 있으리라. 방!

"다만 아플 뿐!"

개도 불성이 있습니까?

어떤 스님이 조주 종심 선사에게 물었다.

"개도 불성(佛性)이 있습니까?"

"없다(無)."

　　- 『선문염송』「417. 불성(佛性)」

일찍이 부처님께서는 '일체 중생은 모두 불성이 있다'고 설하셨다. 그런데 조주 선사(778~897)는 '개는 불성이 없다'고 답한 것이다. 어째서?

다행히 그 스님이 조주 선사에게 다시 물었다.

"일체중생이 불성이 있다 했거늘 개는 어째서 없다 하십니까?"

"그에게 업식(業識)이 있기 때문이다."

개는 업식이 있기 때문에 불성이 없다고? 그렇다면 불성과 업식은 어떻게 다른 것일까? 달마 대사의 제자인 바라제 존자에게 이견왕이 물었다.

"어떤 것이 부처인가?"

"성품을 본 이가 부처입니다."

"그대는 성품을 보았는가?"

"저는 불성을 보았습니다."

"불성은 어디에 있는가?"

"불성은 작용하는 곳에 있습니다."

그러고는 게송을 읊었다.

태에 있으면 몸이 되고, 세상에 처하면 사람이라 하네.

눈에 있으면 본다 하고, 귀에 있으면 듣는다 하며

코에 있으면 냄새를 맡고, 입에 있으면 담론하며

손에 있으면 움켜잡고, 발에 있으면 운반하네.

두루 나타나서는 세계를 덮고, 거두어들이면 한 티끌 속에 드네.

아는 이는 불성인 줄 알지만, 알지 못하는 이는 정혼(精魂)이라 부르네.

불성은 은밀히 감추어진 '그 무엇'이 아니다. 바로 지금 여기에서 작용하는 '이것'이다. 다만 작용할 뿐 고정된 실체는 없다. 그러므로 있는 것도 아니고, 없는 것도 아니다. 있기도 하고, 없기도 하다. 이른바 유무를 초월하여 공(空)한 것이다. 그러므로 '일체중생 실유불성(一切衆生 悉有佛性)'을 '일체중생은 불성이 있다'고 해석하는 것은 매사를 유무의 입장으로 바라보는 업식의 차원이다. 도원 선사는 설한다.

"불성은 그대로 여기에 현전하는 현실이다. 불성의 현성(現成) 그대로가 생(生)의 모습이고, 생생한 작용인 것이다."

일체는 중생이며, 실유(悉有)는 불성이다. 일체는 살아 움직이며, 모든 존재는 그대로 불성이다. 이 세상에 불성 아닌 것이 없다. 있는 그대로 불성이다. 묻는 것도 불성이고, 답하는 것도 불성이다. 묻는 스님도 불성이고, 개도 불성이다. 이 세상은 불성 그 자체다. 불성은 눈앞의 현실이며, 생생한 작용이다.

그러므로 개에게 불성이 있느냐, 없느냐를 묻는 것 자체가 업식이다. 업식에 입각한 질문에 업식으로 답할 것인가? 조주의 '무(無)'는 '유무'의 무가 아니다. '유무'를 초월하되 '유무'를 모두 간직한 '무'다. 불성은 고정된 실체가 없다. 다만 작용하는 곳에 나타날 뿐! 다만 작용할 뿐, 작용하는 자는 없다.

"이것뿐!"

일곱 근 삼베의 무게가 얼마인가?

조주 선사에게 어떤 스님이 물었다.

"만법은 하나로 돌아가는데, 하나는 어디로 돌아갑니까?"

선사가 말하였다.

"내가 청주에서 삼베 장삼 하나를 지었는데, 무게가 일곱 근이더라."

— 『선문염송』「408. 만법(萬法)」

'만법귀일 일귀하처(萬法歸一 一歸何處)'를 물었는데, 느닷없이 청주에서 지은 베 장삼 무게가 일곱 근이라니? 이것이 무슨 뜻인가?

만법이 하나로 돌아가는데, 하나는 어디로 돌아가냐고? 이것은 잘못된 단정에 입각한 어리석은 질문이다. '하나는 어디로 돌아가는가?'는 그만두고, '과연 만법이 하나로 돌아가는가? 만법은 무엇이고, 하나는 무엇인가?' 하루종일 토론해도 끝이 없을 것이다.

이런 질문은 즉답하지 않고 아예 화제를 돌려 버리는 게 상책이다. 그래서 능수능란한 조주는 청주에서 지은 베 장삼 무게가 일곱 근이라고 답했다. 어째서 베 장삼이 일곱 근이라고 했을까? 어째서? 질문한 스님은 앞으로 일곱 근 장삼을 걸치고 다녀야 할 것이다.

설두 중현이 이에 대해 송했다.

편벽된 스님이 뛰어난 노승에게 일격을 가했으나
일곱 근 삼베의 무게를 몇 사람이나 알겠는가?
지금은 서쪽 호수에 내던져 버렸으니
짐 내려놓은 맑은 바람 누구에게 전해 주랴?

일곱 근 삼베의 무게가 얼마인가? 일곱 근이다.

만법은 만법이고, 하나는 하나일 뿐이다. 본래 실체가 없어 온 곳도 없고, 간 곳도 없거늘 돌아갈 곳이 어디 있겠는가? 그 어느 것도 실체가 없다. 현상이 있을 뿐! 이것이 서쪽 호수에 내던져 버린 소식이다. 색즉시공이요, 공즉시색이다. 모든 존재는 공으로 돌아가고, 공은 다시 모든 존재로 돌아간다. 알겠는가?

"짐 내려놓으니 맑은 바람이 솔솔 느껴지는구나."

문수보살이 주걱으로 얻어맞다

문수가 무착에게 물었다.

"근래에 어디서 떠났는가?"

"남방에서 왔습니다."

"남방의 불법이 어떻게 유지되는가?"

"말법의 비구가 계율을 지키는 이가 적습니다."

"대중은 얼마나 되는가?"

"혹 삼백, 혹 오백 정도입니다."

무착이 되물었다.

"여기서는 어떻게 사십니까?"

"범부와 성인이 같이 살고, 용과 뱀이 섞여 있다네."

"대중은 얼마나 됩니까?"

"전삼삼(前三三) 후삼삼(後三三)."

　　- 『선문염송』「1436. 삼삼(三三)」

대중이 얼마나 되냐는 질문에 '전삼삼 후삼삼'이라니? 도대체 몇 명
이라는 말인가? 이게 과연 무슨 뜻일까? 원오가 다음과 같이 평창(評
唱)을 붙였다.

어떤 스님이 법안에게 물었다.

"어떤 것이 조계의 근원인 한 방울 물입니까?"

"이것이 조계의 근원인 한 방울 물이니라."

또 어떤 스님이 낭야 혜각 화상에게 물었다.

"청정본연하거늘, 어떻게 산하대지가 홀연히 나타났습니까?"

"청정본연하거늘, 어떻게 산하대지가 홀연히 나타났는가?"

위의 두 사례는 모두 질문과 답이 유사하다. 질문하는 내용 그대로 답하거나 되묻고 있는 것이다. 이른바 색즉시색(色=色)이다. 전삼삼 후삼삼도 이와 마찬가지다. '3×3'은 '3×3'이다. 앞뒤가 똑같은 등식인 것이다. 등식은 결코 남거나 모자람이 없다. 이른바 종적이 없는 것이다.

어리둥절한 무착이 나중에 문수보살을 시봉하는 균제동자에게 물었다.

"아까 화상께서 '앞도 삼삼, 뒤도 삼삼'이라고 하셨는데, 그게 얼마인가?"

그러자 동자가 불렀다.

"대덕이시여!"

무착이 고개를 돌리거늘 동자가 물었다.

"그게 얼마입니까?"

그러자 무착이 보니 신통변화(神通變化)로 만든 절에 편액이 없는지라 동자에게 물었다.

"이 절 이름이 무엇인가?"

동자가 손으로 금강신장의 등 뒤를 가리키면서 말하였다.

"보시오."

그러자 무착이 고개를 돌리니 동자와 함께 신통변화로 된 절도 종적을 감추었다.

문수도 아바타요, 동자도 아바타다. 신통변화로 만든 절 또한 가상현실일 뿐 실체가 있는 것이 아니었다. 실체가 없는 것을 얼마나 된다고 답할 수 있겠는가?

그 후 무착은 오대산에서 공양주를 맡고 있었다. 그러자 이번에는 문수가 무착이 쑤는 팥죽 위에 나타났다. 하지만 무착이 모른 체하자 말했다.

"이보게. 내가 자네가 그렇게 찾던 문수네, 문수!"

그러나 무착은 이제 더 이상 문수가 필요치 않았다. 자신은 물론 문수 또한 아바타라는 것을 꿰뚫었기 때문이다. 그래서 무착은 문수가 나타날 때마다 팥죽 젓는 주걱으로 후려치며 말했다.

"문수는 문수고, 무착은 무착이다."

문수가 있고, 무착이 있는 것이 아니다. 그냥 문수는 문수고, 무착은 무착이다. 문수고, 무착이고 그냥 몸뚱이의 형상일 뿐 실체가 없는 아바타이긴 마찬가지다. 몸도 아바타! 마음도 아바타! 중생도 아바타! 보살도 아바타! 아바타가 아바타를 애타게 찾아 무엇하겠는가? 야보 도천이 송하였다.

몸이 바다 가운데 있으면서 물을 찾지 말고
매일 산 위를 다니면서 산을 찾지 말라.
꾀꼬리 울음과 제비 지저귐이 서로 비슷하니

전삼삼과 후삼삼을 묻지 말지어다.

    산은 산, 물은 물이다. 산도 있고, 물도 있는 것이 아니다. 유무를 초월하여 그냥 '산은 산, 물은 물'인 것이다. 그러니 더 이상 찾지 말라. 꾀꼬리 울음이나 제비 지저귐이나 스쳐 가는 소리일 뿐 실체가 없는 것은 마찬가지다. '바로 지금 여기에서 이것뿐!'이거늘 다시 전삼삼과 후삼삼을 물어서 무엇하리요? 그래도 묻는다면 주걱 맛을 보여주는 수밖에.

    "척!"

어떤 것이 기이한 일인가?

아난이 어느 날 부처님께 여쭈었다.

"오늘 성 밖에서 기이한 일 하나를 보았습니다."

"무슨 기이한 일이냐?"

"성에 들어갈 때 한 무리의 풍악장이들이 춤추는 것을 보았는데,
나올 때엔 모두 죽어 있었습니다."

이에 부처님께서 말씀하셨다.

"여래도 어제 기이한 일 하나를 보았느니라."

"어떤 기이한 일이었습니까?"

"성에 들어갈 때에 한 무리의 풍악장이들이 춤추는 것을 보았는데,
나올 때에도 그들이 춤추는 것을 보았느니라."

　　　　　　　　　　　　　－『선문염송』「82. 작무(作舞)」

아난과 여래의 견해는 완전히 상반된다. 아난에게는 사람들이 갑자
기 죽은 것이 기이한 일이고, 여래에게는 그대로 살아서 춤추고 있
는 것이 기이한 일이다. 그대에게는 어떤 것이 기이한 일인가?

　인간은 누구나 죽는다. 그럼에도 불구하고 마치 천년만년 살 것
처럼 자신을 돌아보지 않고 죽어라 앞으로만 나아간다. 그러다 갑자

기 죽음이 닥치면 당황해 어쩔 줄 모른다. 오는 데는 순서가 있지만 가는 데는 순서가 없다. 죽음은 홀로 가는 길이다. 아무도 믿지 말고 스스로 대비해야 한다.

모든 존재는 변한다. 몸은 생로병사하고, 마음은 생주이멸하며, 우주는 성주괴공한다. 고정된 실체는 없고, 변화하는 현상만 있다. 결국 몸과 마음은 아바타요, 육도(六道)는 모두 가상현실이다.

환생을 거듭하는 것이 육도윤회다. 육도는 지옥·아귀·축생·인간·아수라·천상이다. 살아서 살생·투도·사음·망어를 일삼는다면 죽어서 지옥에 태어난다. 지나친 욕심으로 만족할 줄 모른다면 아귀보를 받는다. 자신과 가족만을 위해 산다면 축생이 될 확률이 높다. 남을 배려할 줄 알고 인간답게 살면 다시 인간이 된다. 공덕을 짓기는 하되 다투기를 좋아하면 아수라에 태어난다. 계율을 지키고 보시를 하거나 수다원과를 획득하면 천상에 태어난다.

그러므로 죽음은 끝이 아니다. 또 다른 아바타로 몸만 바꿀 뿐이다. 선가(禪家)에서는 이를 '옷 갈아입을 뿐'이라고 말한다. 입던 옷을 벗는다고 곡할 것도 아니요, 새 옷으로 갈아입었다고 무조건 기뻐할 일도 아니다. 더 좋은 옷일지, 더 나쁜 옷일지 어떻게 알겠는가?

가상현실 속에서 울고 웃는 것보다 중요한 것은 진짜 현실을 살아가는 것이다. 과거는 이미 지나갔다. 미래는 아직 오지 않았다. 현재는 잠시도 머무르지 않는다. 그러므로 과거·현재·미래는 모두 가상현실이다. 유일한 진짜 현실은 '바로 지금 여기에서 이것뿐!'이다. 작용이 있을 뿐, 실체는 없다. 옛 선사는 송했다.

태어남은 한 조각 뜬구름 일어남이요,

죽음은 한 조각 뜬구름 사라짐이라.

뜬구름 자체는 본래 실체가 없으니,

태어나고 죽음과 오고 감이 또한 이와 같도다.

홀로 한 물건이 항상 드러나 있으니,

담담하여 생사를 따르지 아니하도다.

구름은 오고 가지만 허공은 그대로다. 구름은 무상(無常)이요, 허공은 항상(恒常)이다. 구름은 허공에서 생겨나 허공으로 돌아간다. 그러므로 구름과 허공은 둘이 아니다. 결국 무상이 항상이요, 항상이 무상이다.

허공처럼 텅 빈 이 한 물건은 다만 작용하는 곳에 나타날 뿐이다. 눈에 있으면 '본다' 하고, 귀에 있으면 '듣는다' 한다. 코·혀·몸에 있으면 '느낀다' 하고, 뜻에 있으면 '안다'고 한다. 다만 견문각지할 뿐 견문각지하는 자는 없다. 행위가 행위자다. 선행을 하면 선인이 되고, 악행을 하면 악인이 된다.

아는 만큼 전하고, 가진 만큼 베풀자. 전할수록 알게 되고, 베풀수록 갖게 된다. 이것이 바로 지금 여기에서 부처가 되어 가고, 부자가 되어 가는 최상의 비결이다.

여릉의 쌀값이 얼마인가?

청원 선사에게 어떤 스님이 물었다.
"어떤 것이 불법의 큰 이치입니까?"
선사가 말했다.
"여릉의 쌀값이 얼마인가?"

– 『선문염송』 「148. 여릉(廬陵)」

불법의 큰 이치를 물었는데 청원 선사(미상~741)는 여릉의 쌀값으로 되묻고 있다. 이것이 무슨 뜻인가?

'불법의 큰 이치'라 함은 가상현실이다. 이런 거창한 주제를 가지고 방황하는 사람들이 얼마나 많은가? 이 세상을 불국토(佛國土)로 만들겠다든가, 모든 사람들이 자유롭게 사는 세상을 꿈꾸는 것 또한 마찬가지다.

세상은 실체가 없다. 공한 것이다. 지금 이 세상은 지금 이 세상 그 자체로 의미가 있다. 사바세계는 사바세계대로, 극락세계는 극락세계대로 나름의 존재 의미가 있는 것이다. 그러므로 사바세계를 극락세계로 바꿀 필요는 없다. 마찬가지로 극락세계를 사바세계로 바꾸려 해서도 안 된다.

거창한 구호를 앞세우는 사람일수록 막상 자기 발밑은 보지 못하는 경우가 허다하다. 그리스의 철학자가 하늘의 별을 헤다 발밑의 구덩이를 보지 못하고 자빠졌다 하지 않는가? 조고각하(照顧脚下)! 일단 자신의 발밑을 돌아보아야 한다. 그것은 가상현실에 속지 않고 진짜 현실에서 살아가는 것이다. 과거도, 미래도 아니고, 저곳도, 그곳도 아닌 '바로 지금 여기'를 살아가는 것이다.

여릉은 청원 선사가 머물던 청원산 인근 지역이다. 결국 선사는 그대가 지금 살고 있는 지역의 쌀값이 얼마냐고 되물은 것이다. 천동각이 송하였다.

> 태평성대의 업적은 형상이 없고
> 시골 노인의 가풍은 지극히 순박하다.
> 다만 시골 노래에 제삿술 한 잔이면 그만이지
> 순 임금, 요 임금의 공적은 알아서 무엇하랴?

진정한 태평성대는 나라가 있는 건지, 임금이 누구인지 전혀 알 필요가 없는 시대다. 대형 사고가 시시때때로 터져서 "이게 나라냐?", "대통령은 뭐했냐?"라는 말이 나오지 않는 때다. 그나저나 그대는 알고 있는가? 지금 서울의 쌀값이 얼마인지?

이 세상은 누가 만들었나?

어떤 분이 물었다.

"이 세상은 누가 만들었나요?"

이에 되물었다.

"구름은 누가 만들었을까?"

저 하늘의 뜬구름은 누가 만들었을까? 신이 만들었을까? 마음이 만들었을까? 아니면 다른 그 무엇이?

구름은 신이 만든 것도 아니고, 마음이 만든 것도 아니다. 다만 허공이라는 인(因)과 습기라는 연(緣)이 만나서 이루어진 것이다. 구름은 허공에서 홀연히 생겨나 잠시도 머무르지 않고 계속 흘러가면서 변화하다가 홀연히 허공으로 사라진다. 고정된 실체가 없으며, 시시각각 변하는 현상이 있을 뿐이다. 이걸 누가 만들었냐고 묻는 자체가 이미 어리석은 질문이다. 인간과 세상도 이와 마찬가지다. '태어남은 한 조각 뜬구름 일어남이요. 죽음은 한 조각 뜬구름 사라짐'이다. '뜬구름 자체는 본래 실체가 없으니 태어나고 죽음과 오고 감이 또한 이와 마찬가지'이다.

모든 존재는 인과 연의 합성으로 홀연히 생겨났다가 연이 다하면 홀연히 사라지는 것이다. 마치 꿈과 같고 아바타·물거품·그림자

·이슬·번갯불과 같다. 한마디로 찰나생멸한다. 일시적 현상이 있을 뿐 실체가 없는 것이다. 용수보살은 『중론(中論)』에서 게송으로 설한다.

> 인과 연으로 생겨난 모든 존재
> 이를 일러 공이라 하네.
> 이 또한 임시 명칭이며
> 실체는 없고 현상만 있을 뿐!

모든 존재는 명칭이 있을 뿐 실체가 없다. 심지어 반야바라밀도 반야바라밀이 아니요, 이름이 반야바라밀일 뿐이다. 다만 홀로 한 물건이 항상 드러나 있으니 담담하여 태어나고 사라지지 않는다. 이 한 물건이 어떤 물건인가?

"돌아보니 한 물건 아닌 것이 없구나. 우하하하하!"

제2부

'이 뭐꼬?'에서
'이것뿐!'으로

수행 패러다임의 전환

앞에서 피력한 바와 같이 '이 뭐꼬?'에 대한 답은 결국 '이것뿐!'이다. 바로 지금 여기에서 이것뿐! 답은 이미 주어졌다. 지금부터는 이를 적절히 활용하는 것이 현명하다.

고정된 실체로서의 나는 없다.
그러므로 어떠한 나도 만들 수 있다.
바로 지금 여기에서 나의 행위가 나다.
행위가 있을 뿐 행위자는 없다.

걸어갈 때 걸어갈 뿐! 머무를 때 머무를 뿐!
앉아 있을 때 앉아 있을 뿐! 누워 있을 때 누워 있을 뿐!
밥 먹을 때 밥 먹을 뿐! 잠잘 때 잠잘 뿐!
늙어 갈 때 늙어 갈 뿐! 아플 때 아플 뿐!
죽을 때 죽을 뿐!

바로 지금 여기에서 행위할 뿐 행위자는 없다. 아니, 행위가 행위자다. 지금부터 이렇게 살면 그대로 생사해탈(生死解脫)이다. 하지만 살다 보면 이대로 되지 않는다. 밥 먹으면서 온갖 분별망상을 하고, 자면서도 다양한 꿈을 꾼다. 게다가 세상은 끝없이 꿈을 권장한다. 꿈이 없는 자는 도리어 처지고 무기력해 보일 정도이다. 이른바 '꿈을 권하는 사회'를 살아 가고 있는 것이다.

그럴 때면 '아바타가 꿈을 꾸고 있구나.', '아바타가 분별망상을 하고 있구나.' 하고 관찰한다. 그리고 '마하반야바라밀'을 염(念)한다. 몸과 마음은 아바타요, 관찰자가 진짜 나다. 관찰자인 보고 듣는 성품은 크고 밝고 충만하다. 일찍이 오염된 바 없으며, 앞으로도 오염되지 않는다. 여기에 초점을 맞추어 아바타를 잘 운용하는 것이 행불(行佛)이다.

"아바타가 애착한다."

"아바타가 화가 난다."

"아바타가 근심 걱정한다."

이렇게 탐·진·치 삼독(三毒)을 아바타에게 맡겨 버리면 삼독에서 분리된다. 비로소 해탈의 맛을 알아가게 되며 지혜가 발생한다. '마하반야바라밀'이다. 크고 밝고 충만해지니 온 우주가 내가 된다. 온 우주가 '견문각지'할 뿐, '견문각지'하는 자는 없다. 보이는 것을 보기만 하고, 들리는 것을 듣기만 하고, 느껴지는 것을 느끼기만 하고, 아는 것을 알기만 할 뿐! 거기에 '그대'는 없다. 이것이 고통의 소멸이다.

나아가 온 우주가 '생로병사'할 뿐, '생로병사'하는 자는 없다. 태어날 때 태어날 뿐, 늙어 갈 때 늙어 갈 뿐, 아플 때 아플 뿐, 죽을 때 죽을 뿐, 거기에 '나'는 없다. 이것이 생사해탈이다. 이를 함께 나눔이 행불이다.

아바타로 분리하고,
바라밀로 전환하여,
행불로 함께 나누니
나도 해탈! 너도 해탈! 모두 해탈!

세 가지 명상

병고와 함께하는 시대를 살아가면서 사람들은 언제 어떻게 될지 모르는 불안감에 젖어 있다. 하지만 이 몸이 아바타라면 어떨까? 세상이 메타버스라면? 크게 걱정할 필요 없다. 다만 헤드셋을 벗어 버리고 본래 자리로 돌아가면 그만이니까 말이다.

첫째, 아바타 명상

'아바타(avatar)'는 본래 인도 고전어인 산스크리트어로서 강림한 '분신(分身)' 혹은 '화신(化身)'을 뜻한다. 대승불교의 삼신불(三身佛) 개념에 따르면, 화신인 몸과 보신(報身)인 마음은 '아바타'이며, 관찰자인 법신(法身)이 '진짜 나'라고 하는 것이다.

> 허공 꽃으로 장엄된 세계 바다의
> 비로자나 진정한 법신과
> 현재 설법하시는 노사나불
> 그리고 석가모니 제 여래께 귀의합니다.
> – 『화엄경 약찬게』

진정한 부처님은 법신인 비로자나불이다. 음성으로 나투신 부처님은 보신인 노사나불이며, 몸으로 나투신 부처님은 화신인 석가모니불이다. 몸이나 음성은 진정한 부처님이 아니다. 그러므로 『금강경』에서는 말한다.

> 만일 몸으로서 나를 보려 하거나
> 음성으로 나를 찾는다면
> 이 사람은 잘못된 길을 가는 것이니
> 여래를 볼 수 없으리라.

> 모든 존재는 꿈·아바타(幻)와 같고
> 물거품·그림자·이슬·번갯불과 같으므로
> 응당 모두 이와 같이
> 관찰해야 하느니라.

> 무릇 형상 있는 것은
> 모두가 다 허망하다.
> 모든 형상 아바타(非相)로 보게 되면
> 여래 또한 보게 된다.
> - 『금강경』

몸이나 음성은 진정한 여래가 아니다. 여래의 아바타일 뿐! 결국 물질적 존재이든 정신적 존재이든, 모든 존재는 '아바타'라고 보아야 하는 것이다. 고정된 실체가 없고, 변화하는 현상만 있다. 이를 직시하는 것이 고통에서 벗어나는 비결이다.

관자재보살이
깊은 반야바라밀을 행할 때에
몸과 마음을 아바타(空)라 관찰하고
모든 고통 벗어났다.

– 『반야심경』

몸과 마음을 아바타로 볼 때 모든 고통은 '나의 고통'이 아니라 '아바타의 고통'으로 분리된다. 정작 나는 관찰자의 입장으로 전환되는 것이다.

이에 따라 생로병사하는 몸과 탐·진·치로 이루어진 마음을 아바타의 현상으로 바라보는 것이 '아바타 명상'이다. 예컨대 '아바타가 근심 걱정을 하는구나.' 하고 대면하여 관찰하면 근심 걱정은 아바타의 몫이 되고, 당사자는 관찰자의 입장에 서게 되는 것이다. 이렇게 자신을 객관화하면 마음이 편안해지고 지혜가 우러나오게 된다.

일체중생의 갖가지 아바타(幻)가
모두 여래의 원각묘심에서 나왔다.

아바타(幻)인 줄 알면 곧 격리됨이라
방편을 쓸 필요가 없고,

아바타(幻)를 격리하면 곧 깨달음이라

점차 닦음이 필요 없다.

    - 『원각경』

둘째, 바라밀 명상

'바라밀 명상'은 아바타를 격리하고 관찰자로 돌아가는 것이다.

> 보신과 화신은 진짜가 아니고 허망한 연(緣)일 뿐!
> 법신은 청정하여 광대하기 끝이 없네.
> 일천 강에 물이 있으니 일천 강에 달이 비추고
> 허공 만 리 구름 없으니 그대로가 청천 하늘!
>
>   - 『금강경오가해』

'일천 강에 비친 달'은 아바타요, '청천 하늘의 달'은 관찰자다. 관찰자는 크고 밝고 충만하다. 사바세계에서 살다 보니 작아지고, 어두워지고, 결핍을 느끼게 되었지만 그것은 착시현상이다. 달은 본래 보름달인 것처럼 관찰자는 항상 크고 밝고 충만하다. 초승달이나 그믐달로 보이는 것이 착시현상인 것처럼 스스로 중생이라 생각하는 것은 착각인 것이다. 그러므로 아바타에서 관찰자로 전환해야 한다. 그러려면 '마하반야바라밀'을 입으로 염하고 마음으로 실천해야 한다.

'마하반야바라밀'이란 인도의 범어로서 큰 지혜로 저 언덕에 이른 다는 뜻이다.

이 법은 모름지기 실행할 것이요, 입으로만 외워서는 안 된다.

입으로만 외우고 실행하지 않으면 아바타(幻)와 같으며 닦고 행하 는 이는 법신과 부처와 같으니라. (…중략…)

미혹한 이는 입으로 염하고, 지혜로운 이는 마음으로 행한다.

— 『육조단경』

'마하반야바라밀'을 앉으나 서나, 오나가나, 자나 깨나 일념으로 염하다 보면 어느덧 무념(無念)의 경지에 다다르게 된다. 무념이야말 로 진정 크고 밝고 충만한 상태이다. 다시 말해 관찰자 자리인 것이 다.

삼세의 모든 부처, 반야바라밀을 의지하여 최상의 깨달음을 얻느 니라.

반야바라밀은 위대한 진언이며, 크게 밝은 진언이며,

최상의 진언이며, 동등함이 없는 진언이며,

모든 고통 사라지고 헛됨 없어 진실하다.

— 『반야심경』

'반야바라밀', 특히 '마하반야바라밀'이야말로 관찰자로 돌아가 는 최상의 진언이다.

나아가 소리를 듣는 성품을 돌이켜 들어야 한다. 이른바 '반문문성(反聞聞性)'이다. 구체적으로 말하자면 '마하반야바라밀을 염하고 들을 때 이 성품이 어떤 건가, 어떻게 생겼을까?' 하고 참구하는 것이다. 이렇게 이근원통(耳根圓通)을 활용해서 성품을 보는 것이 최상의 방법이다.

> 듣는 성품을 돌이켜 듣는다면 성품은 위 없는 도를 이루리니
> 이근원통의 진실이 이와 같습니다.
> 이것이 부처님들께서 한결같이 열반의 문에 이르는 길입니다.
> - 『능엄경』

알고 보면 성품은 공(空)한 것이다. 텅 비었기에 무엇으로든 채울 수 있다. 무엇으로 채울 것인가? 그건 우리가 선택한다. 우리의 작품인 것이다.

셋째, 행불 명상

몸과 마음이 아바타라면 이 우주는 당연히 가상현실인 메타버스가 된다. 『능엄경』에서는 산하대지를 '허공의 꽃'이라고 말한다. '허공의 꽃'은 실체는 없지만 현상은 있는 것으로서 결국 '메타버스'를 의미한다.

> 마치 눈동자가 피로해지면
> 곧 허공에 꽃이 원인 없이 어지럽게 일어나는 것처럼

일체 세간의 산하대지와 생사열반이

모두 허공 꽃(空華)의 모습이니라.

– 『능엄경』

'허공 꽃'은 진실한 모습이 아니다. 있는 것처럼 보이지만 실상은 없는 것이다. 눈동자의 피로가 사라지면 꽃도 사라진다. 그러니 '쉬는 것이 깨달음'이라고 하는 것이다. 알고 보면 이 우주도 고정된 실체가 있는 것이 아니다. 특이점에서 빅뱅을 일으켜 팽창하고 있지만 언젠가는 축소하면서 블랙홀로 빨려 들어가 사라질 것이다.

세존이여, 여래께서 설하신바 삼천대천세계는 곧 세계가 아니므로 그 이름이 삼천대천세계입니다. 왜 그런가?

세계가 진실로 있는 것이라면 하나로서 합하여진 모양인바 여래께서 설하시되 일합상(一合相)은 일합상이 아니므로 그 이름이 일합상일 뿐입니다.

– 『금강경』

세계는 진실로 있는 것이 아니다. 다만 가상으로 존재하는 것이다. 편의상 '삼천대천세계'라고 이름 붙인 것일 뿐 진실로 하나로 합하여진 모양, 즉 일합상으로서의 세계가 있는 것이 아니다. 고정된 실체는 없고, 변화하는 현상만 있을 뿐! 다만 그 이름이 '삼천대천세계'인 것이다. 의외로 사람들은 이름에 얽매어 실체가 있는 것으로 착각한다.

결국 이 세상은 메타버스이며, 인생은 한바탕 아바타 게임에 불과하다. 그 속에서 아바타로 잘 먹고 잘사는 것은 궁극적으로 부질 없다. 본래 자리로 돌아가는 것이 훨씬 더 좋다. 길몽이든 악몽이든 꿈은 꿈일 뿐! 좋은 꿈을 꾸려 말고, 꿈에서 깨야 한다는 것이다.

나아가 자신이 가상현실 속 아바타인 줄 모르고 게임에 몰두해 헐떡이는 사람들에게 스스로 아바타임을 자각하고 헤드셋을 벗어 가상현실에서 벗어날 수 있도록 도와주어야 한다. 그러자면 짐짓 가상현실로 들어가 아바타인 몸과 마음으로 전하는 수밖에 없다.

몸은 부처가 아니고
음성 또한 그러하네.
하지만 이를 떠나서
부처의 신통력을 볼 수도 없다네.
　- 『화엄경』

이른바 아바타의 선용(善用)이다. 최선은 아는 만큼 전하고, 가진 만큼 베푸는 것이다. 실체는 없지만 현상으로서 작용은 있기 때문이다. 태어남은 한 조각 뜬구름이 생겨남이요, 죽음은 한 조각 뜬구름이 사라짐이다. 뜬구름 자체는 실체가 없으니 생사거래가 이와 마찬가지다. 하지만 구름은 작용을 한다. 폭우가 될 수도 있고, 단비가 될 수도 있다. 폭우는 악한 작용이요, 단비는 선한 작용이다. 어쨌든 작용을 하려면 메타버스로 들어가 아바타를 생성해야 한다. 그러므로 마치 연꽃이 진흙탕에서 꽃을 피우듯 번뇌의 진탕 속에 들어 있는 중생만이 불법을 일으킬 수 있을 뿐이다.

비유컨대 마치 고원의 육지에는 연꽃이 생겨나지 않고
낮고 습한 진흙탕 속에서 이 꽃이 자라는 것과 같습니다.(…중략…)
번뇌의 진탕 속에 들어 있는 중생만이
불법을 일으킬 수 있을 뿐입니다.(…중략…)

마치 허공 중에 갖가지 종자를 심어도 끝내는 생겨나지 못하나
똥거름 땅에서는 무성히 자랄 수 있는 것과 같습니다.(…중략…)
이와 같이 번뇌의 큰 바다에 들어가지 않으면
일체 지혜의 보배를 얻을 수 없습니다.
- 『유마경』

결국 아바타로 바라보고, 바라밀로 전환하여, 행불로 함께 나누는 것이 최상이다. 이와 같은 세 가지 명상은 각각 수행하는 것도 좋지만 함께 활용하면 시너지 효과를 기대할 수 있어서 더욱 좋다. 이를 통틀어 '행불 명상'이라 칭한다.

아바타로 분리하고,
바라밀로 전환하여,
행불로 함께 나누니
나도 해탈! 너도 해탈! 모두 해탈!

첫째,

아바타 명상

일반 명상 VS 아바타 명상

관자재보살이

깊은 반야바라밀을 행할 때에

몸과 마음 아바타(空)라 관찰하고

모든 고통 벗어났다.

- 『반야심경』

일반적인 명상은 대개 몸과 마음의 일어나고 사라지는 현상을 관찰하여 결국 몸과 마음이 실체가 없음을 확인토록 한다. 그래서 고통과 번뇌가 누그러지고, 마지막으로 몸과 마음은 아바타임을 깨닫는다.

아바타 명상은 바로 이 마지막 지점에서 시작한다. 바로 지금 여기에서 몸과 마음이 아바타라 직관하여 모든 현상을 아바타의 현상으로 대면해 관찰한다. 그러면 몸과 마음의 온갖 현상은 '나의 현상'이 아닌 '아바타의 현상'이 되며, 정작 나는 관찰자의 입장에 서게 되는 것이다.

이렇게 보면 늙어 가도 괜찮다, 아바타니까! 병들어도 괜찮다, 아바타니까! 죽어 가도 괜찮다, 아바타니까! 탐이 나도 별것 아니다,

아바타니까! 화가 나도 별것 아니다, 아바타니까! 불안해도 별것 아니다, 아바타니까! 실패해도 괜찮다, 아바타니까! 성공해도 별것 아니다, 아바타니까!

이렇게 관찰자와 아바타를 분리하는 연습은 매우 효과적이다. 바로 지금 여기에서 해탈 체험이 가능하기 때문이다. 물론 처음부터 잘되는 경우는 드물다. 하지만 꾸준한 연습을 통해 점차 익숙해지면 누구나 가능해진다.

예컨대 운전 중 갑자기 신호도 없이 끼어드는 자동차가 있으면 브레이크를 밟으면서 화가 북받쳐 올라온다. 화는 참으면 병이 되고, 터뜨리면 업(業)이 된다. 하지만 바라보면 가라앉는다. '아바타가 화가 나려 하는구나.', '아바타가 화가 올라오는구나.', '아바타가 화를 내고 있구나.' 하는 식으로 몇 번 반복하면 서서히 가라앉게 된다. 화는 아바타가 내는 것이고, 정작 나는 이를 관찰하고 있기 때문이다. 이른바 화로부터 분리되는 것이다.

어느 날 어떤 분은 병원에서 치과 치료 중 이를 활용했다고 한다. '아바타가 이를 치료받고 있구나.', '아바타가 통증을 느끼는구나.', '아바타가 인상을 찡그리고 있구나.' 하다 보니 통증도 경감되고 얼굴도 펴졌다는 것이다.

한번은 길거리에서 처음 만나 반갑게 인사하는 분이 있어 물었더니, 얼마 전 엄청 골치 아픈 일이 있었는데 '아바타인데 뭐!' 하니 금방 마음이 편해졌다고 한다.

더 나아가 드론으로 내려다보듯 나와 남을 더불어 바라보는 방법도 유용하다. 실제로 자신과 남을 아바타로 놓고 보면 지혜가 발생한다. 이른바 객관적으로 훈수 두는 입장에 서게 되어 수가 더 잘 보이기 때문이다.

아바타가 아바타를 애착하고 있구나!
아바타가 아바타에게 화를 내고 있구나!
우하하하하하.

몸과 마음은 아바타

'명상(冥想)'의 사전적 의미는 '눈을 감고 차분한 마음으로 깊이 생각함'이다. 여기서 '생각'이란 '헤아리고, 판단하고, 인식하는 것 따위의 정신 작용'을 말한다. 그렇다면 명상은 헤아리고, 판단하고, 인식하는 것인가? 그렇지 않다. 엄밀히 말하자면 명상이란 '생각함'이 아니라 '생각을 쉼'이다. 하지만 생각은 쉽게 쉬어지지 않는다. 생각을 쉬려면 우선 구하는 바가 없어야 한다.

명상법을 중국에 최초로 전한 달마 대사는 명상의 주요한 마음가짐으로 '무소구행(無所求行)'을 강조했다. '구하는 바 없음'이야말로 참다운 명상의 전제 조건이다. 행복을 바라지 않음은 물론, 불행이 오지 않기를 바라지도 않는다. 안 좋은 일이 생기면 과거세의 업을 갚는다 생각하고, 좋은 일이 생겨도 그저 인연 따라 왔다가 인연따라 갈 뿐이라 생각한다. 더 이상 아무것도 바라지 않고, 어떤 일이건 복 닦기와 도 닦기의 계기로 삼을 뿐이다.

우리가 사는 이 사바세계에서 고통이 없기를 바라는 것은 나무위에 올라가 물고기를 찾는 것(緣木求魚)과 마찬가지다. 사바세계는 인고토(忍苦土), 즉 고통을 견뎌야 하는 세상이다. 사바세계에 태어난이상 고통 없기를 바랄 것이 아니라 오히려 고통을 잘 활용하여 해탈의 디딤돌로 삼아야 한다.

고통이 없기를 바라지 않겠습니다.
고통을 복 닦기의 계기로 삼겠습니다.
번뇌가 없기를 바라지 않겠습니다.
번뇌를 도 닦기의 계기로 삼겠습니다.
재난이 없기를 바라지 않겠습니다.
재난을 기도 불사의 계기로 삼겠습니다.
고통과 번뇌, 그리고 재난을 해탈의 디딤돌로 삼겠습니다.
마하반야바라밀!

이러한 마음가짐을 연습해야 비로소 헐떡임이 쉬기 시작한다.
나아가 몸과 마음, 그리고 우주를 있는 그대로 관찰하는 것이 진정한 명상이다. 그러면 몸은 '생로병사'하고, 마음은 '생주이멸'하며, 우주는 '성주괴공'함을 알 수 있다. 모든 존재는 고정된 실체가 없고 변화하는 현상만 있는 것이다. 가섭 부처님은 다음과 같이 송하였다.

일체중생은 그 본성이 텅 비어서
본래부터 태어남도 없고 소멸함도 없다.
이 몸과 마음은 아바타(幻)로 생긴 것이다.
아바타(幻)에는 죄도 없고 복도 없다.

몸과 마음은 아바타요, 우주는 메타버스다. 실체는 없고 현상만 있는 뜬구름 같은 것이다. 이 구름은 폭우가 될 것인가, 단비가 될 것인가? 그건 우리가 선택하는 것이다. 우리의 작품이다.

취미는 번뇌! 특기는 해탈!

근래에 우연히 〈장르만 로맨스〉라는 제목의 코믹영화를 보았다. 그 내용 가운데 '상처받는 게 취미이고, 극복하는 게 특기'라는 명대사가 나온다. 이를 보며 필자 또한 '취미는 번뇌! 특기는 해탈!'이 되어야겠다는 생각이 들었다.

번뇌가 없기를 바라는 것은 인류 공통의 소망일 것이다. 하지만 실제로 번뇌가 없는 이는 거의 없다. 크건 작건 다양한 번민 속에서 살아가고 있다. 왜 그럴까? 우리가 살고 있는 이 세상은 극락정토(極樂淨土)가 아니라 사바예토(娑婆穢土)이기 때문이다.

'사바(娑婆)'는 범어 'sahā'에서 왔다. '인고(忍苦)' 혹은 '감인(堪忍)'이라는 뜻이다. 이는 갖가지 고통을 참고 견뎌야 하는 세상을 말한다. 또한 '예토(穢土)'란 더럽고 거친 땅을 의미한다. 국토의 더러움은 물론 이모저모 걸리는 게 많아 치사하고 더러운 꼴을 꿋꿋이 참아내고 견뎌야 한다는 뜻이다. 말 그대로 '사하월드'는 수많은 장애를 극복하고 해탈하는 체험을 위해 만들어진 가상현실의 공간으로서 일종의 극기(克己) 훈련장인 셈이다.

자의건 타의건 극기 훈련을 위해 들어온 이곳에서 편안하기만 추구하는 것은 의무를 저버리는 짓이다. 일종의 반칙 행위인 것이다.

마치 장애물 경기에서 장애물을 피해 가지 않고 적극적으로 통과해야 하듯이 고통과 번뇌 그리고 재난을 피하려 말고 오히려 해탈의 디딤돌로 삼아야 하는 것이다.

그러므로 사하월드에서 번뇌는 없어서는 안 될 체험 학습의 도구이다. 다시 말해 끊어야 할 것이 아니라 활용해야 할 대상인 것이다. 화를 돌이켜 복을 삼는다는 '전화위복(轉禍爲福)'이란 말처럼 번뇌를 돌이켜 해탈을 체험해야 하는 것이다. 이른바 '전(轉)번뇌 위(爲)해탈'이다. 그러기 위해서는 우선 번뇌와 맞닥뜨려 대면하고 관찰해야 한다. 그리고 아바타의 번뇌로 전환시켜야 한다.

번뇌의 대표 선수로는 탐욕과 성냄, 그리고 어리석음이 있다. 탐욕심이 일어나면 얼른 바라보고 '아바타가 탐욕을 일으키는구나!'라고 염(念)한다. 화가 일어나면 얼른 바라보고 '아바타가 화를 내는구나!'라고 염한다. 근심 걱정이 밀려오면 얼른 바라보고 '아바타가 근심 걱정을 하고 있구나!'라고 염한다. 여기에서 '염'이란 바로 지금 마음으로 챙기는 것이다. 탐욕과 성냄, 어리석음을 '나의 것'이 아닌 '아바타의 현상'으로 관찰할 때 우리는 관찰자의 입장에 서게 된다.

처음에는 낯설겠지만 이와 같이 꾸준히 연습하다 보면 어느 순간 잘될 때가 온다. 백 번에 한 번, 열 번에 한 번, 나중에는 다섯 번에 한 번씩 관찰자의 입장으로 바라보는 횟수가 점차 늘어난다. 이것이 탐·진·치로부터의 해탈 체험이다.

"오는 번뇌 막지 말고, 가는 번뇌 잡지 말자!
다만 바라볼 뿐! 우하하하하하!"

많이 아프니? 나도 아프다!

최근 코로나19 덕분에 삼칠일 특별 정진을 했다. 병에 걸려 뜻하지 않게 3주 가량 완전히 격리되어 지내다 보니 가장 먼저 와 닿은 것은 일상의 자유였다. 파란 하늘, 하얀 구름, 흔들리는 꽃잎이 행복 그 자체였던 것이다. 그동안 마음대로 나가 다니고, 자유롭게 사람들을 만날 수 있었음이 진정 소중하게 느껴졌다. 결국 속박이 곧 해탈이요, 번뇌가 곧 보리임을 실감케 된 것이다.

더욱 절실한 깨침은 몸과 마음이 '진짜 아바타'였다는 것이다. 말로는 자주 언급하고 다녔지만 이렇게까지 실감난 적은 없었다.

"뭐야, 이거? 진짜 아바타잖아, 정말 아바타였어! 우하하하하하!"

우린 모두 아바타다. 다만 둘 중 하나일 뿐이다. 바로 자신이 아바타인 줄 모르는 아바타와 자신이 아바타인 줄 아는 아바타이다. 자신이 아바타인 줄 사무치게 깨치는 것이야말로 병고에서 벗어나는 비결이다. '몸도 아바타! 마음도 아바타!'라고 대면해서 관찰하면 병고도 '아바타의 병고'가 되기 때문이다.

하지만 이대로 아바타에 머물러서는 안 된다. 관찰자의 입장으로 전환하여야 하는 것이다. 아바타인 몸과 마음은 성공과 실패를

오락가락한다. 하지만 실패해도 괜찮다, 아바타니까. 성공해도 별것 아니다, 아바타니까.

그렇다고 아바타의 잘잘못에만 초점을 맞추고 살아서는 안 된다. 이는 운전자가 비 오는 날 창문의 윈도우 브러시에 시선을 맞추는 것과 같아서 이러한 경우 앞으로 나아갈 수가 없게 된다. 윈도우 브러시의 움직임과 상관없이 전방을 주시해야 하듯 관찰자에 초점을 맞추어 살아가야 한다. 이때 윈도우 브러시는 오히려 길을 밝혀 주는 역할을 한다. 번뇌를 통하여 관찰자를 알 수 있게 되는 것이다.

그런 의미에서 이 중생계가 보살에게 있어 불국토이다. 번뇌가 있기에 관찰 연습을 할 수 있고, 다양한 중생이 있기에 보살도를 닦기가 좋기 때문이다. 사바세계야말로 보살도를 닦기에 최적화된 곳이다.

『유마경』에서는 말한다.

번뇌의 진탕 속에 있는 중생만이 불법을 일으킬 수 있다. 사람은 복전이라 능히 모든 선한 법을 내기 때문이다.

사바세계에는 다른 정토에는 없는 열 가지 훌륭한 법이 있다. 무엇이 열 가지인가? 보시로써 빈궁함을 거두어 주고, 청정한 계율로써 계 무너뜨림을 거두어 주고, 인욕으로써 분노를 거두어 주고, 정진으로써 게으름을 거두어 주며, 선정으로써 어지러운 마음을 수습하고, 지혜로써 어리석음을 수습하며, 어려움을 제거하는 법을 설해 팔난(八難)을 만난 자를 제도하고, 대승으로써 소승을 즐기는 자를 제도하며, 모든 선근으로써 덕이 없는 자를 제도하고, 언제나 사섭법(四攝法)으로써 중생을 성취케 하니, 이것이 열 가지이다.

어둠이 있어서 밝음을 알 수 있듯 무명 덕분에 본명(本明)을 알게 되고, 번뇌 덕분에 깨달음을 추구하게 되며, 아바타 덕분에 관찰자를 알 수 있는 것이다.

인생의 목적은 해탈

이스라엘의 저명한 역사학자인 유발 하라리가 한 텔레비전 프로그램의 신년 토크에서 다음과 같은 말을 했다.

"내가 역사를 연구하는 이유는 역사로부터 배움을 얻고자 함이 아니라 벗어나고자 함이다. 그래서 나는 또한 명상을 한다."

참 대단하다는 생각을 하면서 이런 말이 무심코 튀어나왔다.

"방향은 제대로 잡았구나. 다만 아바타 명상을 만나야 할 텐데….."

인생의 목적 또한 이와 마찬가지다. 인생의 목적은 다만 교훈을 얻고자 함이 아니라 삶에서 해탈하고자 함이다. 해탈이라 하면 일반인과 무관한 것으로서 수행자만의 영역으로 생각하기 쉽다. 하지만 해탈이 특별하다거나 어렵기만 한 것은 아니다.

해탈은 '풀 해(解)', '벗을 탈(脫)', 말 그대로 속박을 풀고 벗어나는 것을 의미한다. 예컨대 담배를 피우던 사람이 담배를 끊으면 담배로부터 해탈한 것이다. 술이 없으면 못 살던 사람이 술 없이 살 수 있게 되었다면 술로부터 해탈한 것이다. '그대 없이는 못 살아!' 하던 사람이 '그대' 없이도 잘 살 수 있게 되었다면 '그대'로부터 해탈한 것이다.

인류의 역사상 가장 큰 팬데믹은 중세 유럽의 페스트였다. 14세기 유럽 인구의 절반에 달하는 2,500만 명이 사망한 무시무시한 전염병 앞에서 성직자들도 피난길에 올라 종교의 무기력한 모습을 노출시키며 그 권위가 상실되었다. 특히 장례의식을 담당해야 할 사제들의 잇따른 사망은 신(神)에 의지하고자 했던 사람들을 더욱 실망시켰다고 한다. 이로 인해 사람들은 전염병의 원인이 '신의 형벌' 때문이 아니라 '세균' 때문이라는 것을 알게 되었다. 병이 들면 무조건 교회에 가서 회개하고 신에게 치유를 기도할 것이 아니라 병원에 가서 원인에 합당한 치료를 받아야 함을 깨닫게 된 것이다.

이제 인류는 페스트 팬데믹을 지나 최근의 코로나 팬데믹을 통해 세균이나 바이러스는 병고의 객관적 원인(緣)이며, 주관적 원인(因)은 '나'라는 것을 깨우칠 기회를 얻었다.

주관적 원인인 인(因)은 객관적 원인인 연(緣)과 만나 결과, 즉 과(果)를 이룬다.

'나'는 인이요, '바이러스'는 연이다. 나와 바이러스가 만나 병고를 초래한다. 그런데 바이러스가 '0'이 되기를 기대할 수는 없다. 제2, 제3의 바이러스가 나타날 수도 있다. 이렇듯 연을 다루는 것은 한계가 있다. 결국 모든 병고에서 벗어나려면 인이 '0'이 되는 수밖에 없다. '0'에 어떤 수를 곱하든 결과는 '0'이기 때문이다. 인이 '0'이 되도록 연습하는 것이 바로 아바타 명상이다.

'아바타가 늙어 간다.'

'아바타가 병들었다.'

'아바타가 죽어 간다.'

'아바타가 명상한다.'
'아바타가 해탈한다.'

괜찮아, 아바타잖아!

몇 년 전 영화 〈아바타(Avatar)〉가 크게 흥행한 이후로 가상현실의 캐릭터와 관련된 영화가 다수 쏟아져 나왔다.

사실 '아바타'란 본래 인도 고전어인 산스크리트어 '아바따라(avatāra)'에서 나온 말이다. 본래 의미는 '하강' 혹은 '강림한 분신', '강림한 화신'을 뜻하는 말로 현대에는 게임의 가상현실 속에서 자신의 역할을 대행해 주는 캐릭터를 지칭하는 말로 많이 쓰이고 있다.

아바타는 현실에선 도저히 불가능한 임무까지도 거뜬히 완수해내며 성취감과 만족감을 안겨 준다. 심지어 자신의 아바타가 죽거나 크게 다치더라도 현실에서의 나는 멀쩡하며, 또 다른 아바타를 창조할 수도 있으니 얼마나 좋은가?

그런데 알고 보면 지금 이 몸과 마음도 다름 아닌 '아바타'라는 것이 불교의 가르침이다. 불교의 삼신불 개념에 따르면 이 몸은 화신이요, 이 마음은 보신이다. 진짜 몸은 법의 몸뚱이인 법신이다. 다시 말해 화신이나 보신은 법신의 아바타일 뿐이다. 이것은 내 몸과 마음뿐 아니라 다른 사람의 몸과 마음도 마찬가지이다. 그래서 우린 모두 아바타이며, 우주는 가상현실인 메타버스라고 하는 것이다.

결국 몸도, 마음도 아바타, 나도, 너도 아바타, 우린 모두 아바타라고 보아야 한다. '아바타'가 생로병사를 거듭하더라도 진정 '나'는 상관없다. 안심, 안심 또 안심이다. 아바타는 얼마든지 또 받을 수 있으니까 말이다.

다만 내공 점수가 문제다. 이 아바타로 복 닦기, 도 닦기를 얼마나 했느냐에 따라 내공 점수가 달라진다. 내공 점수가 높으면 지금보다 훨씬 더 나은 아바타를 생성할 수 있다. 반대로 내공 점수가 낮으면 지금보다 훨씬 뒤떨어진 아바타를 생성할 수밖에 없다.

복 닦기의 핵심은 '보시 복덕'이다. 아는 만큼 전하고, 가진 만큼 베풀다 보면 전할수록 알게 되고, 베풀수록 갖게 된다. 베풂 그 자체가 스스로 충만함을 확인하는 것이기 때문이다. 복 닦기를 잘하면 생과 사가 부드럽고 풍족해진다.

도 닦기의 핵심은 '대면 관찰'이다. 자신의 몸과 마음을 거울 보듯, 영화 보듯, 강 건너 불구경하듯 대면해서 관찰하되 닉네임을 붙여야 한다.

'아바타가 걸어간다.', '아바타가 머무른다.', '아바타가 앉아 있다.', '아바타가 누워 있다.', '아바타가 탐을 낸다.', '아바타가 화를 낸다.', '아바타가 근심한다.' … 이렇게 관찰하는 것이다.

탐욕과 성냄, 그리고 어리석음을 아바타의 것으로 관찰하다 보면 애착이 줄어들게 된다. 심지어 죽음까지도 '내 것'이 아니라 '아바타의 것'으로 볼 수 있게 된다. 이것이 바로 생과 사를 초월하는 비결이다.

몸과 마음은 아바타이며, 관찰자가 진짜 나다. 진짜 나는 크고 밝고 충만하다! 현실에서 역경계(逆境界)와 순경계(順境界)를 만난다면 이렇게 외쳐 보자!

"괜찮아, 아바타잖아! 별것 아냐, 아바타야!"

아바타가 명상한다

사람들에게 있어 진정한 행복은 해탈이다. 앞서 이야기한 것처럼 속박을 풀고 벗어나는 것이다. 궁극적 해탈은 모든 고통으로부터 벗어나는 것이다. 하지만 피하고 싶어도 그 누구든 피할 수 없는 근본적인 고통이 있다. 바로 늙고 병들고 죽는 것이다. 싯다르타 태자의 출가 동기도 늙고 병들고 죽음으로부터 벗어나기 위함이었다. 그렇다면 어떻게 해야 이 노·병·사로부터 해탈할 수 있을까?

싯다르타는 일단 기존의 수행자들이 하는 방법을 따라하였다. 먼저 선정(禪定)을 닦는 집단에 들어가 최고의 경지인 '무소유처정(無所有處定)'과 '비상비비상처정(非想非非想處定)'까지 도달하기에 이르렀다. '무소유처정'은 몸이 사라진 경지, '비상비비상처정'은 마음이 사라진 경지이다.

이로써 몸과 마음에서 거의 해탈한 듯한 느낌이 들었지만 한 가지 문제가 있었다. 그것은 1년 365일 앉아만 있을 수 없다는 점이다. 때때로 일어나 탁발도 하고, 밥도 먹고, 사람들과 대화도 해야 했다. 그동안 노·병·사는 여전히 진행되고 있는 것이다. 그래서 다른 방법을 찾게 되었다. 그것은 고행(苦行)이었다.

지극한 고행을 통해 거의 죽기 직전까지 이르게 되었지만 여전히 문제는 해결되지 않았다. 오히려 고행에 탐닉하는 것이 늙고 병들고 죽음을 더욱 촉진시킬 수 있음을 깨닫게 되었다.

이제는 어떻게 해야 할까? 기존의 수행자들이 하는 방법으로는 노·병·사로부터 해탈할 수 없음을 터득한 싯다르타는 결국 자신만의 방법을 찾을 수밖에 없었다. 그것은 의외로 간단했다. 노·병·사의 고통으로부터 벗어나려면 먼저 그 원인을 정확히 파악해야 함에 착안한 것이다. 예컨대 병고로부터 벗어나려면 병고의 원인을 알아야 하는 것과 마찬가지다.

싯다르타는 노·병·사의 근본 원인이 '태어남(生)'이라는 것을 알게 되었다. 태어났기 때문에 필연적으로 늙고 병들고 죽는다. 애당초 태어나지 않았다면 늙을 일도, 병들 일도, 죽을 일도 없다. 결국 나의 고통은 '나'가 있기 때문이라는 걸 깨닫게 된 것이다. 그러므로 나의 고통이 온전히 소멸하려면 '나'가 사라져야 한다.

죽음은 일시적인 몸의 사라짐일 뿐 마음까지 소멸하는 것은 아니다. 다시 그 마음에 합당한 몸을 받게 되는데 이것이 윤회(輪廻)이다. 그렇다면 산 채로 몸과 마음을 '0'으로 만드는 비결은 무엇일까? 그것은 바로 '아바타 명상'이다.

이 명상에서 밥 먹고, 잠자고, 수행하는 것 모두 '나'가 아닌 '아바타'일 뿐이다. 앞서 외도(外道)들의 선정과 고행을 통해 답을 얻지 못한 이유는 '나'가 선정이나 고행을 했기 때문이다. 선정이든 고행이든 '나'가 하는 것은 무아(無我)가 아니다. 결국 아바타가 선정을 닦고, 아바타가 고행을 하는 것이 무아법(無我法)에 통달하는 비결이었던 것이다.

대면 관찰! 해탈의 기쁨!

부처님의 화두는 오직 늙고 죽음으로부터의 해탈이었다. 쾌락과 선정, 그리고 고행을 통해서는 결코 늙고 죽는 문제를 해결할 수 없음을 체득한 부처님은 나무 밑에 앉아 늙고 죽는 원인에 대하여 사유하기 시작했다. 원인을 알아야 처방이 나오기 때문이다.

"늙고 죽음은 왜 생겼나? 태어남이 있기 때문.

태어남은 왜 생겼나? 존재 열망 있기 때문.

존재 열망은 왜 생겼나? 내 것으로 취함 때문.

내 것 취함은 왜 생겼나? 상대 애착하기 때문.

애착함은 왜 생겼나? 좋고 나쁜 느낌 때문.

상대 느낌은 왜 생겼나? 서로 접촉하기 때문.

접촉함은 왜 생겼나? 여섯 기관 있기 때문.

여섯 기관은 왜 생겼나? 몸과 마음 있기 때문.

몸과 마음은 왜 생겼나? 나름 생각하기 때문.

나름 생각은 왜 생겼나? 의도적인 행위 때문.

의도 행위는 왜 생겼나? 밝지 못함(無明) 때문이네."

결국 늙고 죽는 근본 원인은 무명, 즉 무아에 밝지 못하기 때문이었다. '나'가 있기 때문에 '나의 늙고 죽음'이 있는 것이다. 그러므로 늙고 죽음에서 벗어나려면 '나'가 사라져야 한다.

무아법에 밝으려면, 네 가지로 관찰하세.
몸에 대해 몸을 보고, 느낌에 대해 느낌을 보고,
마음에 대해 마음을 보고, 법에 대해 법을 보세.
거울을 보듯, 영화를 보듯, 강 건너 불구경하듯
대면해서 관찰하되 닉네임을 붙이세.

'나'가 사라지는 비결은 몸(身)·느낌(受)·마음(心)·법(法)을 대면해서 보는 것이다. 여기서 '법'이란 사대(四大)·오온(五蘊)·육근 등 나를 구성하고 있는 요소들, 즉 몸과 마음을 세분해서 말하는 것이다. '거울 보듯, 영화 보듯, 강 건너 불구경하듯 대면해서' 본다는 것은 '나의 몸·느낌·마음·법'이 아닌 '아바타의 몸·느낌·마음·법'으로 객관화시켜 보는 것이다.

이를 통해 얻을 수 있는 가장 큰 효능은 번뇌의 소멸과 관찰자 체험이다. 몸과 마음을 대면 관찰하면 고통이 사라지거나 누그러진다. '나의 고통, 나의 번뇌'가 '아바타의 고통, 아바타의 번뇌'로 치환되기 때문이다.

몸은 물거품! 마음은 아지랑이!

어떤 비구가 부처님께 수행 주제를 받아 숲으로 들어갔다. 그는 열심히 노력했으나 큰 진전을 보지 못했다. 그래서 수행 방법을 더 자세히 알기 위해 부처님이 계신 곳을 향하여 길을 떠났다. 그는 길을 가는 도중에 아지랑이가 어른거리는 것을 보고 생각했다.

'이 뜨거운 여름에 나타나는 아지랑이는 멀리서 보면 실체가 있는 것처럼 보이지만, 가까이 가 보면 실체를 잡을 수가 없다. 이와 같이 마음이라는 것도 일어나고 사라지는 현상이 있기는 하지만, 그것은 인과 연이 만나 형성된 결과이지 불변하는 실체가 있는 것이 아니다.'

그는 마음을 거기에 집중하며 몸과 마음으로 이루어진 자신의 존재가 실체 없음을 관찰했다. 도중에 매우 덥고 피곤하여 강에 들어가 목욕을 하고, 폭포 옆 나무 그늘에 가서 쉬었다. 그때 폭포에서는 많은 물거품이 일어났다가 사라지는 것이었다. 그것을 보고 그는 또 이렇게 생각했다.

'인간이 이 세상에 존재하는 것도 또한 물거품과 같다. 태어나는 것은 물거품이 일어나는 것과 같고, 죽는 것은 물거품이 사라지는 것과 같다.'

그때 부처님께서 제따와나 수도원의 간다꾸띠에 앉아 계시면서 광명과 함께 그 비구 가까이에 모습을 나투어 비구에게 말씀하셨다.

"비구여, 그와 같느니라. 인간이란 마치 아지랑이 같고 물거품 같은 존재이다. 물거품이 일어나고 사라지듯이 인간도 태어났다 사라질 뿐 거기에 어떤 실체가 있는 것이 아니다."

그리고 게송을 읊으셨다.

몸이 물거품처럼 허무하고
마음이 아지랑이처럼 실체 없음을 깨닫는다면
그는 능히 욕망의 화살을 꺾으리니
죽음의 왕도 그를 보지 못한다.

- 『법구경』

이 게송을 듣고 비구는 즉시 아라한과를 성취하였다. 그는 곧 부처님을 찾아뵙고 덕과 지혜를 높이 찬탄했다.

몸은 물거품, 마음은 아지랑이와 같은 것이다. 고정된 실체가 없으며 변화하는 현상이 있을 뿐이다. 실체가 없이 현상만 있는 것, 이른바 '아바타'라고 하는 것이다.

한편 부처님의 몸은 제따와나의 간다꾸띠에 계셨지만 이 비구 가까이에 홀로그램처럼 모습을 나투어 게송을 설하셨다. 몸은 화신불이며, 광명과 음성은 보신불로서 이 또한 모두 아바타이다.

"청정법신 비로자나불! 원만보신 노사나불! 천백억화신 석가모니불!"

이와 같이 관찰하라!

불교는 '관찰의 종교'라고 말할 수 있다. 『금강경』 사구게의 핵심 게송은 '모든 존재는 마치 꿈·아바타(幻)·물거품·그림자와 같고, 이슬·번갯불과 같으니, 이와 같이 관찰하라(一切有爲法 如夢幻泡影 如露亦如電 應作如是觀)'이다. 여기에서 가장 중요한 단어를 꼽는다면 바로 '관찰(觀)'이다.

무엇을 관찰하는가? 몸뚱이의 무상함을 관찰하고, 마음의 일어남과 사라짐을 관찰하고, 관찰자를 관찰하는 것이다. 몸뚱이는 태어나서 늙고 병들어 죽고, 마음은 생겨나서 머물렀다 변화해 사라지고, 우주는 형성되어 머물렀다 무너져 텅 비게 된다.

이를 관찰하는 관찰자는 다만 관찰만 할 뿐 시비하거나 분별하지 않는다. '낙엽이 떨어지는구나.' 하고 관찰을 할 뿐 낙엽이 떨어지니까 '슬프다.' 또는 '즐겁다.'라며 시비하고 분별하지 않는다. '몸뚱이가 늙어 가네.' 이렇게 관찰할 뿐 몸뚱이가 늙어 가니까 '서럽다.'라는 생각을 일으키지 않고 다만 관찰할 뿐이다.

그러므로 관찰자의 삶은 평화롭다. 고통과 즐거움에 여여(如如)하게 대처한다. 괴로우면 '괴롭다'고 관찰하고, 즐거우면 '즐겁다'고 관찰할 뿐이다. 물론 관찰한다고 해서 괴로움과 즐거움이 금방 없어지는 것은 아니다. 그러나 괴로우면 '아바타가 괴롭다'고 관찰하고, 즐거우면 '아바타가 즐겁다'고 관찰한다. 이렇게 하면 괴로움과 즐거움은 아바타의 몫이 된다.

아프면 '아바타가 아프다.'라고 관찰한다. 아바타의 몸뚱이가 아프고, 아바타의 마음이 괴로운 것이지 내가 아프고 즐거운 것이 아니다. 다만 관찰자의 입장에서 아바타의 몸과 마음을 관찰하고 있을 뿐이다.

이와 같이 관찰할 때 거기에 '나'는 없다. 내가 보는 것이 아니고 눈이 보는 것이다. 내가 듣는 것이 아니고 귀가 듣는 것이다. 안(眼)·이(耳)·비(鼻)·설(舌)·신(身)·의(意)가 모두 마찬가지다. 다만 육근의 작용이 있을 뿐 거기에 '나'는 없다고 하는 것이다.

위암으로 인해 수술을 받게 된 이가 있었다. 수술대 위에 누워 기다리는 동안 통증과 함께 만감이 교차했다.

'통증은 없으려나?'

'혹시라도 수술이 잘못되면 우리 아이들은 어찌 될까?'

이래저래 불안하기 짝이 없었다. 그때 아바타 명상이 떠올랐다. '아바타가 통증을 느끼는구나.', '아바타가 근심 걱정을 하고 있구나.', '아바타가 불안해하는구나. 마하반야바라밀!' 그러자 신기하게도 통증이 완화되었다. 근심 걱정도 많이 사라졌다. 통증과 근심 걱정을 아바타에 맡긴 까닭이다. 마음이 편안해지니 몸의 긴장도 풀어졌다. 그러한 상태에서 수술은 잘 진행되었고, 아직까지 별다른 후유증 없이 잘 지내고 있다.

아바타가 화가 난다

『금강경』사구게의 핵심은 결국 '모든 존재가 마치 꿈과 같고 아바타 (幻)와 같으니, 응당 이와 같이 관찰하라'는 것이다. 또한『반야심경』 에서는 '관자재보살이 깊은 반야바라밀을 행할 때 몸과 마음 아바타 (空)라 관찰하고 모든 고통 벗어났다'고 한다. 결국 거울 보듯, 영화 보듯, 강 건너 불구경하듯 대면해서 관찰하되, 아바타로 보는 것이 해탈의 시작이다.

걸어가면 '아바타가 걸어간다', 머무르면 '아바타가 머무른다', 앉았으면 '아바타가 앉아 있다', 누웠으면 '아바타가 누워 있다'고 관찰한다. 마음의 탐·진·치도 이처럼 관찰한다. 이것은 일상 속에서 얼마든지 가능한 방법이다.

지나친 애욕으로 인해 본인도 힘들고, 상대방도 괴로운 경우가 있다. 이럴 때 관찰자의 입장이 되어 '아바타가 아바타를 애착하고 있구나. 아바타가 아바타에게 욕심을 내는구나. 마하반야바라밀!' 하고 꾸준히 연습하다 보면 애착이 줄어드는 것을 느낄 때가 온다.

이미 발생한 애착에서 스스로 벗어나기는 쉽지 않다. 또한 애 착을 억지로 참다 보면 한꺼번에 터질 수도 있다. 하지만 애욕은 대 부분 일시적인 감정이다. 그 순간순간을 지혜롭게 잘 넘기면 가볍게

지나가 버릴 수도 있다. 마치 드론을 띄워 바라보듯 자신과 상대방을 아바타로 관찰하면 제삼자의 입장이 되어 좀 더 냉철해질 수 있는 것이다.

화도 마찬가지다. 참으면 병이 되고, 터뜨리면 업이 되는 화에 대하여 얼른 '아바타가 화가 나는구나. 아바타가 성질이 나는구나. 아바타가 쌍욕이 나오려고 하는구나. 마하반야바라밀!'이라고 복창하다 보면 점차로 누그러진다. 화를 아바타에게 맡기고 '나'는 관찰자가 되기 때문이다. 물론 처음부터 잘되지 않을 수도 있지만 꾸준히 하다 보면 조금씩 나아진다.

고등학교 3학년인 아들이 공부는 안 하고 게임에만 몰두해 있어서 속이 타던 분이 있었다. 타일러도 보고 야단도 쳐 봤지만 그때뿐이었다. 어느 날 아바타 명상이 떠올랐다. '아바타가 화가 난다. 아바타 어미가 아바타 아들에게 성질을 내려고 하는구나. 아바타가 아바타 뒤통수를 내려치고 싶구나.'라고 연습을 하다 보니 미움도 수그러들고 여유가 좀 생겼다. '그래, 밖에서 사고치고 다니는 애들도 많던데 그것보단 낫지.' 이런 생각까지 할 수 있게 된 것이다. 마침내 게임을 하고 있는 아들에게 물도 떠다 주고, 과일도 깎아 줄 수 있게 되었다. 그러자 아들도 서서히 바뀌기 시작하더니 석 달 만에 스스로 찾아와 말했다.

"엄마! 나 이제 공부 좀 해야 할 것 같아."

그 후로 열심히 공부해서 원하는 대학에 진학할 수 있었다고 한다.

지극한 도는 어렵지 않다

지극한 도는 어렵지 않으니
오직 간택함을 꺼릴 뿐이다.
증오하거나 애착하지만 않는다면
툭 트여 명백하리라.

- 『신심명(信心銘)』

도 닦기가 어렵다고 말하지만 사실이 아니다. 오직 간택(揀擇)을 꺼
릴 뿐이다. '간택'이라는 것은 분간하고 선택하는 것이다. 단지 증오
하거나 애착하지만 않는다면 툭 트여서 명백하다. 결국 지극한 도를
깨치려면 증오심과 애착심만 쉬면 된다. 그래서 앞서 이야기했듯 또
한 '쉬는 것이 깨달음이다'.

　깨달음이란 무언가를 새롭게 얻는 것이 아니다. 내가 가지고 있
지 않은 것을 얻으면 그것은 '얻는' 것이지만, 내가 이미 가지고 있는
것은 '얻는' 게 아니라 '확인하는' 것이다. 우리는 자성, 불성, 공성(空
性)을 이미 가지고 있다. 가지고 있는 것을 어떻게 또 얻는가? 얻을
수가 없다. 왜 그런가? 온 세상에 충만해 있기 때문이다.

　나에게도 충만해 있고, 남에게도 충만해 있고, 우주에 충만해 있

기 때문이다. 아니, 우주가 거기서 나왔다. 그런데 이것을 어떻게 얻겠는가? 그것은 마치 바닷속에 있는 물고기가 바다를 얻으려고 하는 것과 똑같고, 허공을 나는 새가 허공을 얻으려고 하는 것과 같은 것이다. 새는 허공에서 태어나서, 허공에서 날다가, 허공에서 죽는다. 그런데 허공이라는 게 어디에 있는지 모른다. 바닷속에 사는 물고기가 바다라는 게 무엇인지 찾아다니는 것과 같다. 그래서 이것은 얻을 수 있는 게 아니다. 단지 쉬어 주기만 하면 된다. 무엇을? 고정관념을 말이다.

고정관념 중에 가장 큰 것이 증오와 애착이다. 이를 쉬려면 우선 정체를 파악해야 한다. 증오심의 정체는 '게스트'다. 주인이 아니라 손님인 것이다. 증오심이든 애착심이든 결국 뿌리는 똑같다. 손바닥을 위로 놓으면 증오심이고, 아래로 놓으면 애착심이다. 마음을 당기는 데 쓰느냐, 미는 데 쓰느냐 그 차이일 뿐이다.

증오와 애착의 감정이 일어나면 얼른 알아차리고 대면해서 관찰해야 한다. '아바타가 아무개를 미워하고 있구나.', '아바타가 아무개를 애착하고 있구나.' 하면서 카메라맨과 내레이터가 동시에 되는 것이다. 마치 영화 찍듯, 연극 보듯, 강 건너 불구경하듯이 닉네임을 붙여서 표현해 주어야 동일시가 사라지고 객관화가 가능해진다. 이것은 관찰자의 입장에서 자신의 몸과 마음을 관찰하는 것이다.

몸과 마음 변화하여 일어나고 사라지나
관찰자는 여여부동(如如不動) 늙고 죽음 초월하네.

모든 고통 사라지는 진언

관자재보살이
깊은 반야바라밀을 행할 때에
몸과 마음을 아바타(空)라 관찰하고
모든 고통 벗어났다.
　　　－『반야심경』

『반야심경』의 첫머리인 '깊은 반야바라밀을 행한다'는 것은 '마하반야바라밀'을 구념심행(口念心行)하는 것이다. 앉으나 서나, 오나가나, 자나 깨나 '마하반야바라밀'을 염하면서 마음을 크고 밝고 충만하게 쓰는 것이다.

　그 어디에도 고정된 실체로서의 '나'는 없다. 이러한 무아법을 철두철미하게 사무쳐 깨달음을 얻으면 더 이상 고통스럽지 않다. '나'가 없기 때문이다. 하지만 아직 사무치게 못 깨달았다면 이 육근의 무더기가 여전히 '나'라고 생각하게 된다. '나'가 있으므로 '나의 고통'도 사라지지 않는다. 아무리 닉네임을 붙여 관찰해도 객관화되지 않고 동일시되는 것이다. 달리 말해 '아바타가 아바타를 애착하는구나.' 혹은 '아바타가 아바타를 증오하고 있구나.' 해야 하는데,

'그대 없이는 못 살아.' 혹은 '저놈이 미워 죽겠어.'라고 하는 것이다. 아바타를 '나'라고 여기니 당연히 증오와 애착이 남게 된다.

이러한 상황을 위해 부처님께서 가르쳐 주신 진언이 바로 '마하반야바라밀'이다. 이 진언이야말로 크게 신비로운 주문이고, 크게 밝은 주문이며, 최상의 주문, 동등함이 없는 주문으로서 일체 고통이 사라지게 한다.

이 모든 고통이 사라지는 진언을 계속 연습해야 한다. 앉으나 서나 '마하반야바라밀', 오나가나 '마하반야바라밀', 자나 깨나 '마하반야바라밀', 죽으나 사나 '마하반야바라밀'을 연습해야 한다. 이 주문을 계속 외우면 고통이 사라진다. 그 이유는 입자의 삶에서 파동의 삶으로 바뀌기 때문이다.

입자는 '나'를 애착하거나 '나'를 증오한다. 하지만 파동은 '나'부터가 없다. 단지 '애착'과 '증오'만 있을 뿐이다. 그래서 '내가 애착'하는 게 아닌 '애착'만 있고, '내가 증오'하는 게 아닌 '증오'만 있을 뿐이다. 애착과 증오의 뿌리가 없어지는 것이다. 뿌리가 사라지니 어느덧 현상도 사라지게 된다. 다만 시간이 걸릴 뿐! 이것이 바로 입자에서 파동으로 전환되었을 때의 효과이다.

그러므로 스스로를 파동으로 만드는 연습을 하는 것이 중요하다. 빛은 입자라고 생각하면 입자로 나타나고, 파동이라 생각하면 파동으로 나타난다. 이것이 바로 '관찰자 효과'다. '마하반야바라밀'을 꾸준히 연습하다 보면 어느덧 존재 자체가 파동이 된다. 파동이 되어서 애착은 있더라도 그 뿌리, 즉 '나'가 사라진다. 증오도 마찬가지다. 궁극적으로 애착과 증오가 사라진다.

마하는 큼이요, 반야는 밝음이요, 바라밀은 충만함이다. 나와 남을 나누지 않음이 진정한 '큼'이다. 인과를 굳게 믿는 것이 진정한 '밝음'이다. 더 이상 아무것도 바라지 않는 것이 진정한 '충만함'이다.

인욕바라밀

애착과 증오를 쉬는 근본적인 방법은 일단 이것들을 모두 '게스트'라고 보는 것이다. 그 실체를 주인이 아닌 손님으로 파악하는 것이다.

손님은 잠시 머물다 떠난다. 그러므로 '아바타가 애착하고 있구나.', '아바타가 증오하고 있구나.'라고 관찰하면 떠나간다. 그래도 여의치 않으면 '마하반야바라밀'이라는 최상의 주문을 외운다. 이 역시 주문을 외우고 있는 육근의 무더기를 닉네임을 붙여 관찰해야 한다. '아바타가 마하반야바라밀을 염하고 있구나!' 하고 관찰하는 것이다. 이렇게 꾸준히 연습하다 보면 어느덧 관찰자의 입장에서 몸과 마음을 바라볼 수 있게 된다. 성품의 입장에 서게 되는 것이다.

『금강경』에서는 '인욕바라밀(忍辱波羅蜜)도 인욕바라밀이 아니므로 그 이름이 인욕바라밀'이라고 설한다.

> 가리왕이 몸뚱이를 잘랐을 때 아상(我相)·인상(人相)·중생상(衆生相)과 수자상(壽者相)이 없었으니, 마디마디 사지를 분해할 때 아상·인상·중생상이 있었다면 성을 내고 한탄함이 있었을 것이니라.
> - 『금강경』

아상은 '몸과 마음이 나'라는 생각이다. 인상은 '남과 다른 나', 중생상은 '살아 있는 나', 수자상은 '목숨이 지속되는 나'라는 고정관념이다. 다시 말해 고정된 실체로서의 '나'가 있다고 생각하는 것이다. 이렇게 생각하면 자연히 애착심이 발생하고, 이를 해치는 경우 증오심이 발동한다.

부처님께서 과거세에 숲속에서 인욕바라밀을 닦고 있을 때, 갑자기 한 떼의 궁녀들이 모여들었다. 가리왕과 함께 야외 나들이를 나와 먹고 마시며 놀다가, 피곤해진 왕이 낮잠을 자는 사이 주변을 돌아다닌 것이다. 잠에서 깬 왕은 자신의 시녀들이 한 수행자를 둘러싸고 담소하는 모습에 질투심이 타올랐다. 그래서 수행자를 시험한다는 핑계로 사지를 마디마디 잘랐다.

하지만 그 수행자는 결코 성을 내거나 한탄하지 않았다. 억울하기 짝이 없는 상황에서 어떻게 그럴 수가 있었을까? 성을 내고, 한탄하고, 억울한 마음이 생기는 경우 아직 아상이 남아 있다는 증거다. 그 수행자, 즉 인욕선인(忍辱仙人)에게는 '참고 있는 나'가 없었다. 수행자는 인욕바라밀을 확인했다. 인욕(忍辱)이란 모욕을 참는다는 뜻이다. 하지만 아직 '참고 있는 나'가 있다면 진정한 인욕바라밀이 아니다.

억울한 것도, 고통스러운 것도 아바타의 몫이다. 성을 내더라도 아바타가 내는 것이요, 한탄하더라도 아바타가 하는 것이다. 이렇게 보면 사실 참을 것도 없고, 참는 나도 없다. 이것이 진정한 인욕바라밀이다. 그러므로 '인욕바라밀은 인욕바라밀이 아니므로 그 이름이 인욕바라밀'이라고 하는 것이다.

어찌 보면 가리왕은 이러한 인욕바라밀이 완성되었음을 확인
시켜 준 셈이다. 나를 괴롭히고 핍박하는 이가 나의 수행을 점검해
주는 진정한 선지식인 것이다.

무아에서 대아로

근심 걱정에서 벗어나는 두 가지 방법이 있다. 첫째는 증상을 완화시켜 주는 대증요법(對症療法)이며, 둘째는 그 근본 원인을 찾아내 치유하는 근원치유(根源治癒)다.

불교적 마음 치유의 대증요법은 '대면 관찰'이며, 근원치유는 '마하반야바라밀'이다. 대면 관찰을 통해 무아를 연습하여 근심 걱정을 완화시킨다. 그리고 '마하반야바라밀'을 통해 무아를 넘어선 대아(大我)로 나아가 밝은 미래를 그리고 창조하는 것이다.

예컨대 근심 걱정이 일어난다고 하자. 일단 닉네임을 붙여 대면해 관찰한다.

'아바타가 근심 걱정하고 있구나. 아바타가 불안해하는구나. 아바타가 자면서도 염려하고 있구나. 마하반야바라밀!'

이때 근심 걱정하는 것은 아바타다. 나는 아바타가 밤잠을 못이루고 근심 걱정함을 관찰하고 있을 뿐이다. 이것이 관찰자의 입장에 서는 것이다.

본래 성품 자리는 고통이 없는 자리이다. 공(空)하기 때문이다. 그러나 몸과 마음은 한 생각 분별을 일으켜서 나온 것이기 때문에 고통이 존재한다. 몸은 생로병사하고, 마음은 생주이멸한다. 몸과 마음은 변화하는 현상이기 때문에 일정하게 멈출 수가 없다. 그리고 치유가 필요하다. 하지만 성품은 여여부동하다. 그리고 치유 또한 필요 없다. 오염되거나 병들지 않는 자리이기 때문이다.

무명에서 비롯한 몸과 마음에서 벗어나 본명(本明)인 관찰자로 돌아오니 크고 밝고 충만하기 짝이 없다. 텅 비어 있기에 무엇으로든 채울 수 있으며, 고정된 '나'가 없기에 어떠한 '나'도 만들 수 있다. 한마디로 무한한 가능성의 세계가 열리는 것이다.

이제는 현재의 몸과 마음을 단순히 대면 관찰하는 단계에서 한 걸음 더 나아가 자신이 바라는 몸과 마음을 그리도록 하자. 예컨대 몸이 아프면 건강한 몸을 그리도록 한다.

'아바타가 병고에서 쾌차하여 몸이 건강해지는구나.'

이와 같은 방법으로 몸의 불편한 부위가 편해지는 모습을 구체적으로 그리는 것도 좋다. 근심 걱정에서 벗어나 밝고 환하게 웃고 있는 모습을 그리는 것도 효과가 있다. 또한 주위 사람들에게 무언가 베풀고 있는 자신의 모습을 그리며 '아바타가 기분 좋게 베풀고 있구나.'라고 생각만 해도 마음이 충만해진다. 실제로 베풀면 더욱 실감난다.

관찰자의 마음은 마치 화가와 같아서 온갖 세상을 그려낸다. 물질과 정신이 여기에서 생겨나 모든 것을 창조해낸다. 이렇게 관찰자의 입장에서 보면 사실상 '나' 아닌 것이 없다. 참 나는 무아요, 무아는 대아다. 이렇게 우리 모두 다 함께 가야 한다.

"가자, 가자 건너가자! 완전하게 건너가자!"

둘째,

바라밀 명상

일반 명상 VS 바라밀 명상

물질은 머무르고 움직임이 있으나
보는 성품은 움직임이 없고
소리에는 생멸이 있으나
듣는 성품은 항상 존재한다.

– 『능엄경』

일반 명상은 몸 보기, 마음 보기, 혹은 숨 보기에 집중한다. 하지만 바라밀 명상은 처음부터 몸과 마음이 아닌 본성에 초점이 맞추어져 있다.

몸과 마음은 생멸하지만 관찰자인 성품은 생멸하지 않는다. 예컨대 종을 치면 그 소리는 일어났다 사라지지만, 그 소리를 듣는 성품은 생겨났다 없어지지 않는다. 그 자체로 불생불멸(不生不滅) 불구부정(不垢不淨) 부증불감(不增不減)이다.

잠을 잘 때 눈을 감고 자더라도 꿈속에서는 여전히 보고 듣는다. 육신의 눈은 감고 뜨지만 성품은 감고 뜨지 않는다. 항상 관찰할 수 있는 것이다. 그러므로 성품에 초점을 맞춘 수행은 앉으나 서나, 오나가나, 자나 깨나, 죽으나 사나, 언제 어디서든 가능하다. 그 방법은 이른바 '반문문성(反聞聞性)법'이다.

듣는 성품을 돌이켜 듣는다면
성품은 위 없는 도를 이루리니
원통의 진실이 이와 같습니다.
이것이 수많은 부처님들이
한결같이 열반의 문에 이르는 길입니다.

　－『능엄경』

듣는 성품을 돌이켜 듣는 것이다. 오직 이 이근(耳根)으로 수행하면 원통을 얻는 것이 나머지보다 뛰어나다고 하는 것이다.

구체적으로 말하면 일단 '마하반야바라밀'을 염하면서 그 소리를 듣는다. '마하반야바라밀'이야말로 크게 신비로운 진언이고, 크게 밝은 진언이며, 위 없는 진언, 동등함이 없는 진언으로 일체의 고통을 제거하기 때문이다.

그리고 듣는 성품을 돌이켜 듣는다. '마하반야바라밀을 염하고 들을 때 이 성품이 어떤 건가? 어떻게 생겼을까?' 하고 반문하는 것이다.

달은 항상 보름달이다. 다만 착시현상으로 반달이나 그믐달로 보일 뿐이다. 또한 태양은 뜨고 지지 않는다. 지구가 돌고 있을 뿐! 하지만 사람들은 일출과 일몰을 보며 태양이 뜨고 진다고 생각한다. 이 역시 착시현상이다. 이와 마찬가지로 몸과 마음이 '나'라고 생각하는 것은 크나큰 착각이다. 몸과 마음은 생멸하는 아바타일 뿐 관찰자인 성품을 '참 나'라고 하는 것이다.

'마하반야바라밀'을 구념심행하라

육조 혜능 스님의 법문집인 『육조단경』의 본래 제목은 "남종돈교 최 상대승 마하반야바라밀경(南宗頓教 最上大乘 摩訶般若波羅蜜經)"이다. 여기서 '남종돈교'라든가 '최상대승'이라는 말은 다만 '마하반야바라 밀경'을 수식하는 표현이다. 그러므로 진짜 제목은 "마하반야바라밀 경"이라고 말할 수 있다. 그 내용 가운데서도 육조 스님은 '마하반야 바라밀'을 입으로 외우고 마음으로 행할 것을 강조하고 있다.

> '마하반야바라밀'이란 인도의 범어로서 큰 지혜로 저 언덕에 이른 다는 뜻이다.
> 이 법은 모름지기 실행할 것이요, 입으로만 외워서는 안 된다.
> 입으로만 외우고 실행하지 않으면 아바타(幻)와 같으며 닦고 행하 는 이는 법신과 부처와 같으니라.(…중략…)
> 미혹한 이는 입으로 염하고, 지혜로운 이는 마음으로 행한다.
> - 『육조단경』

'마하반야바라밀'을 입으로만 외우면 아바타요, 마음으로 행하 면 부처라고 하는 것이다. 화신인 몸과 보신인 음성은 아바타요, 관찰자가 '진짜 나'인 법신이기 때문이다. 관찰자는 불생불멸 불구부정 부증불감이다. 생멸하는 것은 아바타일 뿐이다. 즉 노·병·사는 아바타의 현상이며, 관찰자는 여여부동, 늙고 죽음을 초월하는 것이다.

나아가 "마하반야바라밀이야말로 가장 존귀하고 최상이며 제일이라. 머무름도 없고, 가고 옴도 없으며, 삼세의 모든 부처님이 다 이 가운데로부터 나와 큰 지혜로서 저 언덕에 이르러 몸과 마음의 번뇌와 노고를 쳐부수니, 가장 존귀하고 최상이며 제일이라"고 설하고 있다. 『반야심경』과도 상통하는 내용이다. 그러므로 '마하반야바라밀'을 입으로 염하고 마음으로 행하는 것이 다름 아닌 최상의 대승 수행법인 것이다.

마음으로 행한다는 것은 어떤 의미일까? 크고 밝고 충만한 마음을 연습하는 것이다. 둘로 나누지 않고, 인과를 굳게 믿으며, 더 이상 아무것도 바라지 않는 것이다.

마하는 큼이요, 반야는 밝음이요, 바라밀은 충만함이다.
마하반야바라밀이 나요, 내가 마하반야바라밀이다.
나는 본래 크고 밝고 충만하다.
나는 지금 크고 밝고 충만하다.
나는 항상 크고 밝고 충만하다.
마하반야바라밀!

사하월드의 발원

얼마 전 입주해 있는 건물의 전기 공사로 말미암아 두어 시간 정전된 적이 있었다. 어두운 건 물론 난방 가동도 정지되어 춥기까지 했다. 게다가 컴퓨터도 켜지지 않으니 인터넷 검색은 물론 원고 정리조차 할 수 없었다. 말 그대로 속수무책이었다. 빛과 전기의 소중함을 절실히 느낀 순간이었다. 이처럼 사람들에게 무명(無明)인 번뇌가 있기에 명(明)인 지혜를 추구하게 되는 것이다.

우리가 살고 있는 세상은 극락정토가 아니라 사바예토라 하였다. 사바세계는 무명으로 인한 번뇌가 극심하여 고통을 견뎌내야 하는 세상이다. 그러므로 사바세계에서 고통이 없기를 바라는 것은 마치 나무 위에 올라가 물고기를 찾는 것과 마찬가지다. 사바세계에서는 번뇌가 없기를 바랄 것이 아니라 그것을 잘 활용해야 한다. 그러기 위해서는 앞에서도 제시했듯 다음과 같은 발원이 필요하다.

고통이 없기를 바라지 않겠습니다. 고통을 복 닦기의 계기로 삼겠습니다.
번뇌가 없기를 바라지 않겠습니다. 번뇌를 도 닦기의 계기로 삼겠습니다.

168

재난이 없기를 바라지 않겠습니다. 재난을 기도 불사의 계기로 삼 겠습니다.

고통과 번뇌, 그리고 재난을 해탈의 디딤돌로 삼겠습니다.

이렇게 마음만 먹어도 고통과 번뇌를 보는 시각이 달라진다. 육 체적·물질적 고통이 닥쳐오면 스스로 복이 없음을 반성하게 된다. 방생과 보시 복덕을 꾸준히 닦으면 점차 건강하고 부유해진다. 또한 정신적 번뇌가 일어나면 얼른 대면 관찰을 하게 된다. '아바타가 번 민하고 있구나. 아바타가 우울해하는구나. 아바타가 도를 닦고 있구 나. 마하반야바라밀!' 이른바 번뇌에서 해탈하는 연습이다.

나아가 전쟁과 전염병 같은 국가적·사회적 재난은 공업(共業) 의 과보다. 개인만 잘한다고 벗어날 수 있는 것이 아니다. 불보살님 과 신중님의 가피가 필요함과 동시에 공동으로 선행을 지어야 한다. 많은 대중이 십시일반으로 참가하는 불사는 다 함께 복을 짓고 마음 을 안정시킬 수 있는 좋은 계기다. 이것이 몽골과의 전란 속에서도 팔만대장경을 조성한 까닭이다.

'전화위복(轉禍爲福)'이라는 말이 있다. 재앙을 돌이켜 복으로 삼 는다는 뜻이다. 이처럼 번뇌를 굴려 해탈의 계기로 삼는 것, 즉 전(轉) 번뇌 위(爲)해탈이 지혜로운 삶이다. 번뇌는 끊어야 할 것이 아니라 활용해야 할 대상인 것이다.

결국 사바세계를 잘산다는 것은 고통과 번뇌, 그리고 재난을 삶 의 걸림돌로 생각하여 회피하는 것이 아니다. 이것들을 적극 활용하 여 해탈의 디딤돌로 삼는 것이다.

웃자! 웃을 일이 생긴다

"당신의 스승은 누구십니까? 또한 그분은 무엇을 설하십니까?"

사리자의 이러한 질문에 앗사지 존자는 답했다.

"저의 스승은 석가모니 부처님이십니다. 그분은 이렇게 설하십니다.

모든 현상에는 원인이 있다네.

여래께서는 그 원인에 대해 설하신다네.

원인이 소멸한 결과에 대해서도

여래께서는 또한 설하신다네."

이 게송을 들은 사리자는 전율을 느꼈다. 마침내 자신이 그토록 바라던 진리의 가르침을 들을 수 있었던 것이다. 하지만 앞의 두 구절은 그 자리에서 알 수 있었지만 뒤의 두 구절은 이해할 수 없었다. 그는 곧바로 출가를 결행하여 3주 만에 뒤의 두 구절 또한 확실하게 깨칠 수 있게 되었다.

인간은 누구나 늙고 죽는다. 그렇다면 늙고 죽음이라는 현상을 어떻게 극복할 수 있을까? 병고에서 벗어나려면 병의 원인을 알아야 하는 것처럼 늙고 죽음에서 벗어나려면 늙고 죽음의 원인을 알아야 한다.

그럼 늙고 죽음의 원인은 무엇일까? 궁극적으로 '나'가 있기 때문이다. '나'가 있으므로 '나의 늙고 죽음'이 있는 것이다. 결국 늙고 죽음을 극복하는 방법은 '나'가 사라지는 것이다.

'나'가 사라진다는 것은 무엇인가? 사람들은 죽음을 '나의 사라짐'으로 생각하지만 그것은 단지 '나의 몸'의 사라짐일 뿐이다. 몸이 사라진다고 해서 마음도 사라지는 것은 아니다. 마음은 여전히 남아서 자신의 인연에 합당한 과보를 받는다. 그러므로 몸은 물론 마음까지 사라져야 진정한 '나'의 사라짐인 것이다. 이 마음은 시비 분별하는 마음을 말한다.

그렇다면 시비 분별하는 생각을 쉬려면 어떻게 해야 할까? 가장 좋은 방법은 대면 관찰이다. 즉 자신의 생각을 거울 보듯, 영화 보듯, 강 건너 불구경하듯 대면해서 관찰하는 것이다. 이렇게 하면 그 생각은 더 이상 '나의 생각'이 아니라 '아바타의 생각'이 된다. 어떠한 생각이든 아바타의 것으로 객관화시켜 관찰하면 정작 나는 관찰자의 입장에 서게 된다.

관찰자의 입장이 되면 선인후과(先因後果)에서 벗어나 과선인후(果先因後)가 가능해진다. '결과가 먼저, 원인이 나중'이다. 웃을 일이 생겨서 웃는 것은 누구나 할 수 있다. 이는 선인후과로서 아바타의 영역이다. 하지만 먼저 웃음으로써 웃을 일이 생기게 만드는 것은 과선인후로서 관찰자의 영역이다.

"웃자! 웃을 일이 생긴다. 우하하하하하!"

관찰자와 아바타는 둘이 아니다

관찰자인 성품은 스스로를 볼 수 없다. 이것은 마치 우리가 거울과 같은 대상 없이는 자신의 얼굴을 스스로 볼 수 없는 것과 마찬가지이다. 그래서 관찰자는 스스로 대상을 창조한다. 마치 푸른 하늘에 구름이 일어나듯 몸과 마음이라는 대상을 창조해서 자신을 실감나게 알고 느낄 수 있는 것이다. 하지만 궁극적으로 하늘과 구름이 둘이 아니듯 관찰자인 성품과 아바타인 몸, 마음 또한 둘이 아니다.

이러한 차원에 도달하게 되면 늙고 죽는 문제는 새로운 국면을 맞이하게 된다. 다시 말해서 늙고 죽음을 벗어난다는 것은 결국 늙고 죽음에 철저해지는 것이다. 철저히 늙고, 철저히 죽는 것이다. 생(生)이 오면 생과 마주하고, 사(死)가 오면 사와 함께한다. 늙어 갈 땐 늙어 갈 뿐! 죽을 땐 죽을 뿐! 인과동시(因果同時)인 것이다.

배를 타는 선원이었던 바히야는 어느 날 갑자기 배가 침몰하여 동료들은 모두 죽고 홀로 살아남게 된다. 간신히 부둣가로 피신하여 망연자실 앉아 있으니 사람들이 먹을 것과 입을 것을 가져다주었다. 하지만 그는 아무리 좋은 옷도 받지 않았고 어느덧 아라한이라고 소문이 났다. 그러자 과거 생의 도반이었던 천신이 그에게 몸을 나투어 아라한도 아니면서 아라한인 척하면 큰 업을 짓는 것이라 일러준

다. 이에 진정한 아라한인 부처님을 찾아가 법을 묻자 이렇게 설했
다.

"바히야여! 그대는 이와 같이 자신을 닦아야 한다. '보이는 것을 보
기만 하고, 들리는 것을 듣기만 하고, 느끼는 것을 느끼기만 하고,
아는 것을 알기만 하리라.'라고. 그럴 때 거기에 그대는 없다. 이것
이 고통의 소멸이다."
- 「바히야경」

이른바 견견·문문·각각·지지이다. 보고 듣고 느끼고 알 뿐 여
타의 생각을 일으키지 않는 것이다. 바로 지금 여기에서 완전 연소
하는 것이다.

선사들은 말한다.

"배고프면 밥 먹고, 졸리면 잠잔다."

겉보기엔 범부들과 다름없는 것 같지만 그 내용은 사뭇 다르다.
범부들은 밥 먹으면서 오만 가지 번뇌 망상을 하며, 잠자면서 갖가
지로 꿈을 꾼다. 몸과 마음이 나누어지고, 현상과 본성이 이원화된
다. 하지만 선사들에게 몸과 마음은 둘이 아니다. 현상과 본성도 둘
이 아니다. 밥 먹을 땐 밥 먹을 뿐. 잠잘 땐 잠잘 뿐. 결국 생로병사에
서 벗어나는 방법은 간단해졌다. 태어날 땐 태어날 뿐. 늙어 갈 땐 늙
어 갈 뿐. 아플 땐 아플 뿐. 죽을 땐 죽을 뿐. 생생(生生)·노노(老老)·병
병(病病)·사사(死死)인 것이다.

아바타가 걷고 있다

최근 몇 년간 행불선원 불자님들과 함께 남산순환도로를 걸으며 걷기 명상을 행한 바 있다. 매달 장충단공원에 모여 간단히 몸을 풀고 걷기 명상의 요령을 연습한 후 남산 길을 걷는 것이다. 동참자들이 자발적으로 모은 참가비는 모두 이웃 돕기 기금으로 기부했다. 이른바 걷기운동과 행선(行禪) 수행, 그리고 이웃 돕기라는 일석삼조의 효과가 있었다.

행불 걷기 명상의 기본은 '마하반야바라밀'을 염하며 걷는 것이다. 마하는 '큼'이요, 반야는 '밝음'이요, 바라밀은 '충만함'이다. 염(念)한다는 것은 지금 이 순간 마음에 챙기고 있는 것이다. 예컨대 왼발을 내밀며 '마하', 오른발을 내밀며 '반야', 다시 왼발을 내밀며 '바라', 다시 오른발을 내밀며 '밀–'이라고 염하는 것이다. 발바닥이 땅에 닿는 순간 '마하/반야/바라/밀–'을 마음속으로 챙겨 주고 그 소리를 듣는다. 그리고 듣는 성품을 돌이켜 듣는다. 이른바 발로 화두를 드는 연습이다.

본래 불교 수행의 기본은 몸과 마음을 있는 그대로 관찰하는 것이다. 걸어가면 '걸어간다', 머무르면 '머무른다', 앉으면 '앉아 있다' 누우면 '누워 있다'라고 관찰한다. 몸과 마음은 변화하여 일어나고 사라지나 관찰자는 여여부동해서 늙고 죽음을 초월한다. 이 관찰자는 한없이 크고 밝고 충만하다. 이른바 '마하반야바라밀'인 것이다.

이러한 관찰자의 입장에서 보면 걸어갈 땐 걸어갈 뿐, 머무를 땐 머무를 뿐, 앉아 있을 땐 앉아 있을 뿐, 누워 있을 땐 누워 있을 뿐이다. 이 모든 것이 '참 나'가 아닌 '아바타'의 현상일 뿐이다.

결국 걸어갈 땐 걸어갈 뿐 아무런 여념이 없는 것이 진정한 행선이자 걷기 명상이다. 하지만 처음부터 무념무상이 되기는 어렵다. 그러므로 먼저 '아바타가 걸어간다'고 관찰한다. 혹은 닉네임을 붙여 '달마가 걸어간다'고 관찰하는 것도 괜찮다. 이어서 발자국에 맞추어 '마하/반야/바라/밀-'을 염하며 걷는다. 그러다 보면 어느 순간 '걸어갈 땐 걸어갈 뿐'이게 되는 것이다.

특히 앉아 있는 게 어렵거나 상기병이 올 경우 행선은 매우 유효하다. 참선을 열심히 하다 보면 필연적으로 두통이 심해지거나 가슴이 터질 듯 답답해지는 상황이 도래한다. 마침내 더 이상 화두를 들기 힘들 정도로 심각해지기도 한다. 그런 경우 마음을 아랫배 혹은 발밑으로 내리는 연습을 해야 무난히 지나갈 수 있다. 마음을 발밑으로 내려서 왼발이 땅에 닿을 때 '마하', 오른발이 땅에 닿을 때 '반야', 또 왼발이 땅에 닿을 때 '바라', 오른발이 땅에 닿을 때 '밀-'이라고 염한다. 이를 꾸준히 연습하다 보면 어느덧 마음이 발바닥으로 내려가고 두통과 가슴 답답함은 사라진다. 마음은 실체가 없어서 집중하는 곳에 나타난다. 결국 화두는 머리나 가슴으로 드는 것이 아니라 배나 발바닥으로 드는 것이다.

공놀이

인간의 본성이 선하다는 입장은 성선설(性善說)이고, 인간의 본성이 악하다는 입장은 성악설(性惡說)이다. 그렇다면 불교는 성선설일까, 성악설일까? 이렇게 물으면 대부분 '성선설'이라고 답한다. 모든 생명은 불성을 지니고 있는데, 그 불성은 당연히 선할 것이라고 생각하기 때문이다.

과연 불성은 선한 것일까? 그렇다고 하면 불성은 선한 이에게만 있는 것으로 한정되고, 악한 이에게는 없는 것이 된다. 하지만 불성은 선악을 가리지 않고 누구에게나 갖추어져 있는 것이다. 그러므로 불성은 선한 것도, 악한 것도 아니다. 불교는 이른바 성공설(性空說)인 것이다.

혜능 스님은 의발을 뺏고자 자신을 뒤쫓은 혜명에게 말했다.

"선도 생각하지 말고, 악도 생각하지 말라. 그럴 때 그대의 본래면목이 무엇인가?"

선과 악을 나누기 이전에 나의 본래면목은 무엇일까? 대승불교의 아버지 용수보살은 『중론』에서 '인과 연으로 생겨난 존재(현상)를 나는 공(空)이라 말한다. 이것은 또한 가명(假名)이며, 중도의 뜻이다.'라고 하였다.

인과 연으로 생겨난 존재란 아바타를 말한다. 실체가 없이 다만 인과 연이 만나 생겨난 현상인 것이다. 결국 아바타는 공한 것이고, 닉네임일 뿐이며, 있는 것도, 없는 것도 아니다. 고정된 실체는 없고 변화하는 현상만 있다.

그러므로 공은 닉네임이다. 몸과 마음에서 일어나고 사라지는 모든 현상에 닉네임을 붙여 관찰하는 것이 바로 공의 체험이다. 이를테면 '짱구가 걸어간다.', '푼수가 앉아 있다.', '천재가 성질낸다.', '복덩이가 시기 질투한다.' 하는 식으로 관찰하는 것이다. 이렇게 할 때 '걸어가고', '앉아 있고', '성질내고', '시기 질투'하는 것은 다만 닉네임의 작용이 된다. 정작 주인공인 나는 닉네임의 현상을 관찰자의 입장에서 지켜보고 있는 것이 된다.

이렇게 거울 보듯, 영화 보듯, 강 건너 불구경하듯 대면해서 관찰하다 보면 분리 체험이 가능하다. 근심 걱정이 몰려올 때 얼른 "아바타가 근심 걱정하고 있구나."라는 말을 반복해서 연거푸 염하다 보면 근심 걱정과 분리되는 자신을 발견할 수 있게 된다. 이런 식으로 닉네임을 붙여 자신을 관찰하고, 나아가 관찰자의 입장에 서게 되면 그것이 바로 진정한 공(空) 놀이인 것이다.

달은 항상 보름달이다

얼마 전 정월 대보름이 지나갔다. 둥근 대보름달을 보며 많은 사람들이 소원을 빈다. 연초에 보름달을 보며 소원을 빌면 반드시 이루어진다는 근거 없는 믿음을 가지고, 크고 밝고 둥그런 대보름달을 기다린다. 하지만 눈에 보이는 대보름달은 일 년에 단 한 번 속절없이 지나가 버린다. 그러면 사람들은 다시 내년의 대보름달을 기다린다.

우리는 때에 따라 이 달을 초승달, 반달, 그믐달, 보름달 등으로 부르고 있지만 사실상 달은 단 한 번도 이지러지지 않았다. 달은 항상 보름달이다. 우리 눈에 이지러지거나 반쪽짜리로 보인다 하더라도 달 자체가 이지러지거나 반쪽이 난 것은 아니다. 그림자가 가려서 그렇게 보일 뿐이다. 달은 항상 크고 밝고 둥글다.

행복은 달의 본모습처럼 이미 매일 와 있는 것 아닐까? 매일 매일을 크고 밝고 둥글게 살아갈 수 있건만 언젠가 크고 밝고 둥글게 살 수 있는 날이 오리라 착각하며 살아가고 있는 건 아닐까? 그래서 바로 지금 여기에서의 행복과 웃음을 유보하고, 좀 더 풍족한 생활과 좀 더 원만한 관계, 그리고 좀 더 많은 소원이 이루어질 때 비로소 행복한 웃음을 웃을 수 있으리라고 스스로 위안하면서 살아가는 것은 아닐까? 하지만 그런 날은 마치 대보름달처럼 일 년에 단 한 번 순간적으로 지나가 버리거나 아예 오지 않을 수도 있다.

달은 항상 보름달이다. 나날이 보름달이며, 나날이 소원을 빌면 이루어지는 날인 것이다.

일 년에 단 한 번인 대보름달만 즐기고, 눈에는 초승달 혹은 반달로 보이는 가짜 달에 속을 것인가? 실은 매일이 보름달인 진짜 달을 즐길 것인가?

웃을 일이 생겨서 웃는 것은 누구나 할 수 있다. 그것은 마치 일 년에 한 번 대보름날을 기다려서 소원을 비는 것과 마찬가지이다. 하지만 먼저 웃음으로써 웃을 일이 생기게 만드는 것은 행복의 창조 자만 가능하다. 그렇게 할 때 비로소 나날이 좋은 날인 것이다.

무명 이전은 명이다

십이연기(十二緣起)의 최초 원인은 무명이다. 늙고 죽음의 근본 원인이 무명이라고 하는 것이다. 그렇다면 여기서 한 가지 의문이 떠오른다. 밝지 못함 이전, 즉 무명 이전은 무엇이었을까? 무명이라는 말은 명(明)이 사라졌음을 의미한다. 그러므로 무명 이전은 곧바로 명이 아니겠는가?

『화엄경』에서 부처님은 말한다.

"기이하고 기이하다. 모든 중생들이 이미 여래의 지혜를 구족하고 있으면서도 알지 못하고 보지 못하는구나. 내가 마땅히 성인의 도를 가르쳐서 망상과 집착을 여의고 자기의 몸속에 여래의 광대한 지혜가 부처와 다름없음을 보게 하리라."
- 『화엄경』

우리는 본래 크고 밝고 충만한 존재이다. 이것은 달이 항상 보름달인 것과 마찬가지이다. 비록 이지러져 보일지언정 달 자체가 이지러진 적은 단 한 번도 없다. 다만 그림자가 져 착시현상으로 이지러져 보일 뿐이다.

스스로 중생이라고 생각하는 것도 이와 마찬가지다. 비록 때때로 작고 어둡고 부족하게 여겨지더라도 그것은 착각이다. 우리는 본래 크고 밝고 충만한 존재인 것이다.

본래 크고 밝고 충만함을 확인하는 수행이 바라밀(波羅蜜)이다. 보살의 육바라밀(六波羅蜜)은 없는 것을 만들어 가는 게 아니라 이미 갖추고 있는 것을 확인시켜 주는 수행인 것이다.

보시바라밀(布施波羅蜜)을 통해 본래 충만함을 확인하고, 지계바라밀(持戒波羅蜜)을 통해 본래 청정함을, 인욕바라밀을 통해 본래 참을 것이 없음을, 정진바라밀(精進波羅蜜)을 통해 본래 나아갈 것이 없음을, 선정바라밀(禪定波羅蜜)을 통해 본래 고요함을, 지혜바라밀(智慧波羅蜜)을 통해 본래 밝음을 확인케 하는 것이다.

없는 것을 새로 만들어내기는 쉽지 않다. 하지만 본래 가진 것을 확인하기는 쉽다. 이와 마찬가지로 중생이 수행을 통해서 부처가 되기는 쉽지 않다. 하지만 본래 부처가 지금 부처로 현성(現成)하는 것은 비교적 쉽다. 바라밀 수행을 통해 본래 가진 것을 확인만 하면 되기 때문이다.

기왓장을 갈아서 거울을 만들고자 하는 것은 어리석다. 아니, 사실 그럴 필요도 없다. 기와는 기와대로, 거울은 거울대로 써나가면 그뿐이다. 기와는 덮어 주고, 거울은 비추어 주도록 하면 되는 것이다.

무위도인과 무위도식

'발고여락(拔苦與樂)'이란 중생들의 고통을 없애 주고, 즐거움을 안겨 주는 일을 말한다. 그렇다면 고통을 없애는 가장 좋은 방법은 '대면 관찰'이며, 즐거움을 안기는 가장 좋은 방법은 '마하반야바라밀'이다.

대면 관찰은 자신의 몸과 마음을 마치 거울 보듯, 영화 보듯, 강 건너 불구경하듯 대면해 닉네임을 붙여 관찰하는 것이다. 예컨대 걸어갈 때 '걸어간다', 머무를 때 '머무른다', 앉았을 때 '앉아 있다', 누웠을 때 '누워 있다'라고 관찰한다. 누가? 바로 '나'가 아닌 '아바타'가 말이다. 이렇게 분신 혹은 화신이라는 뜻의 '아바타'라는 닉네임을 붙여야 대면 관찰이 용이하다. 탐이 날 때 '아바타가 탐이 난다', 화가 날 때 '아바타가 화가 난다', 근심 걱정할 때 '아바타가 근심 걱정한다'라고 관찰한다.

이렇게 꾸준히 연습해서 익숙해져야 늙어 가면 '아바타가 늙어 간다', 병이 들면 '아바타가 병들었다', 죽어 가면 '아바타가 죽어 간다'라고 염할 수 있게 된다. 즉 늙고 병들고 죽는 것은 아바타의 몫이요, 나는 다만 관찰하고 있을 따름이다. 몸과 마음이 '나'라고 하는 생각에서 해탈하여, 관찰자의 입장에서 조견(照見)할 수 있게 되는 것이다.

여기에서 한 걸음 더 나아가 이 관찰자가 크고 밝고 충만함을 연습하는 것이 마하반야바라밀이다. 마하반야바라밀은 색즉시공(色 卽是空) 공즉시색(空卽是色)을 합친 소식, 즉 색즉시색(色卽是色)을 설하고 있다. 먼저 모든 존재(色)를 공(空)이라고 하는 대아(大我)로서 통합하고, 다시 이것을 색(色)이라고 하는 시아(是我)로서 드러내고 있는 것이다. 이른바 차별 속의 평등, 평등 속의 차별로서 '산은 산이요, 물은 물'이다.

범부에게 '나'는 존재한다. 하지만 무아의 차원에서 '나'는 없으며, 대아의 차원에서 '나'는 공하다. 시아의 차원에 가면 바로 '이것이 나'다. '마하반야바라밀'을 염하고 있는 순간 마하반야바라밀이 나요, 내가 마하반야바라밀이다.

마하는 큼이요, 반야는 밝음이요, 바라밀은 충만함이다.
마하반야바라밀이 나요, 내가 마하반야바라밀이다.
나는 본래 크고 밝고 충만하다. 나는 지금 크고 밝고 충만하다.

이렇게 알고 행하면 무위도인(無爲道人)이요, 모르고 지내면 무위도식(無爲徒食)이다.

삼불은 다투지 않는다

『금강경』 읽는 소리를 듣고 마음이 밝아진 혜능이 오조 홍인 대사를 뵙고 인사하니 대사가 혜능에게 물었다.

"그대는 어느 곳 사람인데 이 산에까지 와서 나에게 예배하며, 지금 나에게 다시 무엇을 구하는가?"

이에 혜능이 답했다.

"제자는 영남 사람으로 신주의 백성입니다. 지금 일부러 멀리 와서 화상을 예배하는 것은 다른 것을 구함이 아니고, 오직 부처되는 법을 구할 뿐입니다."

홍인 대사가 말했다.

"그대는 영남 사람이요, 또한 오랑캐 출신이니 어떻게 부처가 될 수 있단 말인가?"

혜능이 답했다.

"사람에게는 남북이 있으나 불성은 남북이 없습니다. 오랑캐의 몸은 큰스님과 같지 않으나 불성에 무슨 차별이 있겠습니까?"

사람에게는 남북이 있으나 불성에는 남북이 따로 없다. 남쪽에 사는 사람이나 북쪽에 사는 사람이나 본성에 있어서는 다름이 없다는 말이다.

이제는 남과 북이 만나듯이 초기불교와 선불교도 만나야 한다. 초기불교의 몸과 마음 관찰, 그리고 선불교의 견성 공부가 함께 만나면 큰 시너지 효과가 일어날 것이다.

초기불교에서는 몸과 마음을 관찰하는 것을 중시한다. 몸과 마음에서 일어나고 사라지는 현상을 관찰하여 고정된 실체가 없음을 통찰하도록 하는 것이다. 이처럼 무아에만 초점을 맞추다 보니 성품은 존재 자체가 무시된다.

선불교에서는 성품을 중시한다. 때로는 본성, 불성, 혹은 공성, 혹은 자성, 혹은 대아라고 부르지만 근본은 다르지 않다. 모든 존재의 근원은 다르지 않으며, 모든 생명이 한 고향 출신인 것이다. 선가에서는 이 점을 중시하여 부모미생전(父母未生前)의 본래면목을 찾는 견성 공부에만 초점을 맞추고 있다. 그러다 보니 몸과 마음은 무시된다.

참 나는 무아요, 무아는 대아다. 부처님에게는 세 가지 몸이 있다. 법신불은 성품 자리요, 보신불은 마음으로 나투신 부처님, 화신불은 몸으로 나투신 부처님이다. 이 삼불은 서로를 무시하지 않으며 원융무애(圓融無礙)하다. 이것이 화엄의 화쟁(和諍)이다.

참 나는 무아다. 무아는 대아요, 대아는 시아다.
고정된 실체로서의 나는 없다.
그러므로 어떠한 나도 만들 수 있다.
바로 지금 여기서 나의 행위가 나다.

상상 훈련

2016년 리우올림픽에서 남녀 단체전과 개인전을 휩쓴 한국 양궁팀의 쾌보는 무더위에 지친 국민들에게 큰 위안이 되었다. 특히 펜싱의 박상영 선수와 사격 간판 진종오 선수, 그리고 양궁 남자단체 국가대표 선수들은 돈독한 불심(佛心)을 바탕으로 사찰에서 수행을 하며 집중력을 높여 금메달의 영광을 획득했다고 한다.

양궁이나 사격 같은 종목의 선수들은 특히 실전에 앞서 강도 높은 상상(想像) 훈련을 한다. 잠들기 전까지 틈날 때마다 머릿속으로 과녁에 백발백중하는 광경을 상상하고, 금메달을 목에 건 자신의 모습을 상상하다 보면 자신감도 늘고 동기가 강하게 부여되어 현실화될 가능성이 높아지는 것이다.

상상과 현실은 다르다고 생각하지만 무언가를 자꾸 그리고 생각하다 보면 현실이 되는 경우가 많다. '일체유심조(一切唯心造)'다. 왜 그런가? 사람의 뇌는 머릿속으로 상상한 것과 직접 경험한 것을 구분하지 못하기에 상상 훈련이 실제 훈련과 똑같은 효과를 나타낸다는 것이다. 그러므로 상상의 힘은 우리가 상상하는 것보다 훨씬 크다.

표정 또한 마찬가지다. 우리의 얼굴 표정과 감정은 일방통행이 아니라 쌍방통행이다. 감정이 바뀌어서 표정이 바뀌기도 하지만, 표정이 바뀌어서 감정이 바뀌기도 한다는 것이다. 일부러 얼굴을 찌푸리고 있으면 실제로 기분이 나빠지고, 웃고 있으면 기분이 좋아진다. 이것이 억지로라도 몸과 입과 뜻을 모아 긍정 연습을 해야 하는 이유이다.

"마하는 '큼'이요, 반야는 '밝음'이요, 바라밀은 '충만함'이다. 마하반야바라밀이 '나'요, 내가 '마하반야바라밀'이다. 나는 본래 크고 밝고 충만하다."

이렇게 염하며 되뇌다 보면 실제로 크고 밝고 충만해지는 자신을 발견하게 된다. 우리의 본래 성품은 보름달처럼 크고 밝고 충만하기 때문이다. 집안의 보배를 놓아두고 밖으로 구걸하러 다니는 모습을 상상해 보라.

큰마음을 상상해야 크게 되고, 밝은 마음을 상상해야 밝아지며, 충만한 마음을 연습해야 살림살이가 충만해진다. 어떤 마음을 상상할 것인가? 그건 우리가 선택한다. 곧 우리 작품이다.

신비로운 진언

달은 항상 보름달이다. 때때로 초승달이나 보름달, 혹은 그믐달로 이지러져 보인다 하더라도 달이 실제로 이지러진 적은 없다. 착시현상으로 이지러져 보일 뿐이다. 이와 마찬가지로 우리의 본성은 항상 크고 밝고 충만하다. 다만 착각으로 작고 어둡고 모자란다고 느낄 뿐이다.

이러한 착각을 바로 잡아주는 것이 팔정도(八正道)이다. 콩 심은 데 콩 나고, 팥 심은 데 팥 난다고 생각함이 바른 생각이다. 나의 고통은 '나'가 있기 때문이라고 보는 것이 바른 견해이다. 결국 나의 고통이 소멸하려면 '나'가 없어져야 하는 것이다. 죽는다고 해서 '나'가 없어지는 것은 아니다. 살아 있으면서 이 몸과 마음이 내 것 아님을 체득해야 하는 것이다.

이렇게 몸도, 마음도 탈락하려면 대면해서 관찰하는 것이 가장 좋은 방법이다. 몸과 마음이 변화하여 일어나고 사라지나 관찰자는 여여부동, 늙고 죽음을 초월하기 때문이다. 이렇게 해서 무명에서 벗어나 명으로 돌아가면 '마하반야바라밀'을 입으로 염하고 마음으로 닦아야 한다.

나무 마하반야바라밀 시대신주

나무 마하반야바라밀 시대명주

나무 마하반야바라밀 시무상주

나무 마하반야바라밀 시무등등주

― 『관세음보살 구생경(觀世音菩薩救生經)』

'나는 본래 크고 밝고 충만하다'는 뜻의 '마하반야바라밀'이야 말로 크게 신비로운 진언, 크게 밝은 진언, 최상의 진언으로서 모든 보살과 부처님이 이를 의지해 최상의 깨달음을 얻는 비결이다.

몸과 마음은 사실 공한 것이다. 텅 비었기에 무엇으로든 채울 수 있다. 원망과 한탄으로 채울 것인가, 감사와 기쁨으로 채울 것인가…, 그건 우리가 선택한다. 우리 작품이다. 다시 말해서 웃을 일이 생겨서 웃는 것은 누구나 할 수 있지만, 웃음으로써 웃을 일이 생기게 만드는 것은 주인공만 가능하다는 것이다.

우주의 중심은 바로 지금 여기이다. 바로 지금 여기에서 몸과 마음을 대면 관찰하는 순간, 몸과 마음으로부터 해탈하고 있는 것이다. 다만 이를 꾸준히 연습해서 언제 어디서나 가능하도록 자기화하는 과정이 필요하다.

이렇게 무아법에 통달함과 아울러 전법(傳法)이라는 목적을 설정해 꾸준히 매진하는 것이 진정한 보살이다. 밥을 먹는 것도 전법을 위해서, 잠을 자는 것도 전법을 위해서, 공부하는 것도 전법을 위해서, 돈을 버는 것도 전법을 위해서 살아가는 것이다.

원불설

마하는 '큼'이요, 반야는 '밝음'이요, 바라밀은 '충만함'이다. 마하반야바라밀이 '나'요, 내가 '마하반야바라밀'이다. 나는 본래 크고 밝고 충만하다.

그럼에도 불구하고 내가 작고 어둡고 모자라게 느껴지는 것은 진정한 마하반야바라밀을 체험하기 위한 방편일 뿐이다. 작음을 통해 '큼'을, 어두움을 통해 '밝음'을, 모자람을 통해 '충만함'을 생생하게 체험할 수 있는 것이다.

'큼'만 있을 때는 '큼'을 알 수 없다. '밝음'만 있을 때는 '밝음'을 알 수 없다. '충만함'만 있을 때는 '충만함'을 알 수 없다. 작고 어둡고 모자람을 통해서 크고 밝고 충만함을 실감나게 체험할 수 있다. 그러니 작고 어둡고 모자람을 원망하거나 한탄할 이유도 없다. 오히려 작음을 통해 '본래 큼'을, 어두움을 통해 '본래 밝음'을, 모자람을 통해 '본래 충만함'을 실감할 수 있으니 감사하고 감사할 뿐이다. 『법화경』「방편품」에서는 말한다.

만일 어떤 중생들이 보시하며 계율 지키고, 인욕하고 정진하며, 선정과 지혜의 법문 듣고 복과 지혜 닦았으면 이미 모두 성불했고, 흑

을 모아 절 지으며 어린애들 장난으로 흙모래로 탑을 세운 이와 같
은 사람들도 모두 이미 성불했고, 부처님상 세우거나 조각해도 모
두 이미 성불했고, 불상 장엄 그릴 적에 제가 하나, 남 시키나 모두
이미 성불했고, 아이들이 장난으로 붓이거나 꼬챙이로 부처 모양
그렸어도 모두 이미 성불했고, 환희하여 노래 불러 찬탄하되 한마
디만 하더라도 모두 이미 성불했고, 산란한 마음으로 한 송이 꽃이
라도 불상 앞에 공양하면 모두 이미 성불했고, 산란한 마음으로 탑
묘 속에 들어가서 '나무붓다' 한 번 해도 모두 이미 성불했고, 이런
법문 들은 이는 모두가 다 성불하네.

- 『법화경』「방편품」

어떻게 이게 가능한가? 본래 성불이기 때문이다. 이른바 '원불
설(原佛說)'이다. 인간은 본래 부처라고 하는 것이다. 바라밀 수행이
란 단지 리셋(reset) 버튼을 눌러 주는 것이다. 결국 보살의 육바라밀
은 '본래 부처'가 '지금 부처'로 나타나는 수행, 즉 행불(行佛)이며, 바
로 지금 여기에서 충만한 행복을 체험하는 것이다.

보시바라밀을 통해서 본래 충만함을 체험하고, 지계바라밀을
통해서 본래 청정함을, 인욕바라밀을 통해서 본래 참을 것이 없음을,
정진바라밀을 통해서 더 이상 나아갈 바 없음을, 선정바라밀을 통
해서 본래 고요함을, 지혜바라밀을 통해서 본래 밝음을 체험하게 할
따름이다. 결국 여섯 가지 행복 체험을 통해서 본래 부처를 실감할
수 있는 것이다.

청구서와 영수증

몇 년 전 작은 불사를 하면서 한 시공업자를 소개받아 일을 시작했다. 그런데 이 업자는 청구서를 계속 내밀어 돈을 받아 가면서 영수증은 도통 가져오지 않는 것이었다. 그러한 상태에서 또 청구서를 내밀기에 더 이상 돈을 내어 주기 전에 우선 기존에 지출한 금액의 영수증을 가져오라 했건만 결국 가져오지 않아 일이 무산된 적이 있었다.

이런 일을 겪으며 '중생들도 이와 같은 것은 아닐까?' 하는 생각이 들었다. 불보살님께 무수히 청구서만 내밀며 짓지도 않은 복을 억지로 타 쓰고는 영수증을 제대로 발급하지 않는 것이다.

청구서란 무엇인가? '시험에 합격하게 해 주세요.', '병이 낫게 해 주세요.', '취업하게 해 주세요.', '극락왕생하게 해 주세요.', '부자가 되게 해 주세요.', '마음이 편안하게 해 주세요.' 등등 수없이 남발하는 요청이다. 한 가지가 이루어지면 또 한 가지, 또 한 가지가 이루어지면 다시 한 가지 등등으로 끝없이 이어지기만 한다. 앞서의 시공업자와 같이 말이다.

원하는 바가 웬만큼 이루어졌으면 이제는 영수증을 발급하고 감사의 표시를 해야 한다. 영수증은 무엇인가? '잘 받았습니다.'라고 하는 것이다. '지금 이 몸뚱이와 이 마음, 그리고 지금 이 가족과 친지, 지금 이 주변 상황, 모두 잘 받았습니다.', '제가 지은 복에 비하면 이것도 감지덕지입니다.', '부처님 은덕이 아니라면 제가 어찌 인간의 몸 받았겠으며, 제가 어찌 불법을 만났겠으며, 제가 어찌 깨달음의 세계를 알기나 했겠습니까?', '진심으로 감사드립니다. 앞으로는 역량껏 조금씩이라도 은덕을 갚도록 하겠습니다.' … 이렇게 해야 하지 않을까?

부처님 은덕을 갚는 방법은 단 한 가지밖에 없다. 법을 전하는 것이다. 매일 아침 외우는 종송(鍾頌)에도 나오지 않는가? "무수한 세월 동안 부처님을 머리에 이고 다니거나 몸뚱이가 의자가 되어 온 세상 모시고 다닌다 해도 만약 법을 전해 중생을 제도하지 않는다면 필경 은혜를 갚지 못하리라."

알고 보면 아바타와 관찰자도 둘이 아니다. 그러므로 다시 관찰자에서 아바타로 한 걸음 더 나아가야 한다. 그것은 바로 유마의 침묵! 무소득의 경지를 잘 나타내준다. '더 이상 얻을 것도 없고, 잃을 것도 없다. 행복과 불행의 총합은 결국 0이다. 바로 지금 여기에서 이것뿐!' 이것이 시아(是我)다. 바로 지금 여기서 나의 행위가 나를 창조하는 것이다. 몸과 마음은 아바타일 뿐이지만, 몸가짐과 마음가짐이 나를 만들어 간다.

요즈음이야말로 '중생이 아프므로 나도 아프다'는 유마 장자의 말이 실감나는 시기다. 인류는 운명공동체다. 인류의 대다수가 코로나19로부터 벗어나야 비로소 나도 벗어나는 것이다. 너와 나, 인간과 자연이 둘이 아니라는 『유마경』의 지혜를 잘 전해서 모든 생명이 해탈의 길로 나아가기를 기원한다.

패스워드를 기억하라

스트레스가 꽃을 피운다.

　필자가 지리산 국사암에 머무를 때 방 안에 난초를 키웠다. 그런데 신기하게도 꽃을 잘 피우는 것이었다. 그래서 화훼 전문가가 왔을 때 자랑삼아 말했다.

　"난초도 나를 좋아하는지 제 방에만 오면 꽃을 피웁니다."

　그러자 그는 말했다.

　"난초에게 스트레스 꽤나 주시는군요."

　"네?"

　"난초는 스트레스를 받아야 꽃을 피웁니다. 상황이 안정되어 있으면 절대 꽃을 피우지 않지요."

　번뇌가 없으면 진전이 없다. 걸려 넘어지면 걸림돌이지만 딛고 일어서면 디딤돌이다. 『유마경』에서는 '번뇌는 없애야 할 것이 아니라 관찰해야 할 대상이다.'라고 말한다. 한마디로 번뇌는 도반이다. 다만 번뇌를 나의 것이 아니라 아바타의 번뇌로서 관찰해야 한다. 그러다 보면 마음이 편안해진다. 이것이 바로 해탈의 시작이다.

　불교의 근본 교리는 인과설(因果說)이다. 모든 현상에는 원인이 있다는 것으로, 그 원인을 찾아서 소멸시켜야 현상도 소멸한다고 하는 것이다. 상당히 과학적이다.

나의 고통은 '나'가 있기 때문이다. 그러므로 고통에서 벗어나려면 '나'가 사라져야 한다. 그 비결은 바로 아바타 명상이다. 이렇게 몸과 마음이 아바타임을 인지하고, 가상의 메타버스에서 벗어나 본래 자리로 돌아가야 한다. '본마음 참 나'인 관찰자로 말이다.

마음의 고향인 '본마음 참 나'로 돌아가려면 가상현실을 진짜 현실로 착각하게 하는 헤드셋을 벗어야 한다. 그러기 위해서는 먼저 몸과 마음이 아바타임을 받아들여야 한다. 그리고 본래 자리로 되돌아가기 위한 패스워드를 기억해내야 한다. 그러려면 어떻게 해야 할까?

첫째, 마하반야바라밀을 염한다.

둘째, 그 소리를 듣는다.

셋째, 듣는 성품을 돌이켜 듣는다.

대아에서 시아로

인류의 번뇌가 극대화되고 있다. 코로나19를 비롯한 각종 전염병은 물론 기후 변화로 인한 자연재해가 점차 늘어나고 있는 현실이다. 그런데 『유마경』에서는 번뇌가 들끓는 이 세상이 보살의 '불국토'라고 말한다. 또한 '번뇌를 끊지 않고 열반에 들어간다'고 설한다. 궁극적으로 번뇌는 끊어야 할 대상이 아니라 관찰해야 할 대상이다.

시시때때로 일어나고 사라지는 번뇌를 관찰하며 관찰자의 입장에서 살아가는 것이 열반에 드는 것이다. 몸의 고통과 마음의 번뇌는 아바타의 현상일 뿐이다. 몸은 생로병사하고, 마음은 생주이멸하지만, 몸과 마음을 관찰하는 관찰자는 상락아정(常樂我淨)이다. 항상하고, 즐거우며, 내가 있고, 청정하다.

본체(體)는 무아로서 항상하고(常)
모습(相)은 대아로서 즐거우며(樂)
쓰임(用)은 시아로서 '나'가 있으나(我)
이 셋은 모두 공적한 것이다(淨).

고정된 실체로서의 '나'는 없다. 이것은 항상 진리이다. 그래서 이 몸과 마음이 '나'라는 생각이 쉬면, '나 아닌 것'이 없게 된다. 일체가 '나'인 것이다. 이처럼 나는 크고 밝고 충만하니, 어찌 즐겁지 아니하랴? 그래서 더 이상 얻을 바 없는 무소득(無所得)에 입각하여 이 몸과 마음을 잘 써 나가는 것이 무엇보다 중요하게 된다. 결국 몸가짐과 마음가짐이 '나'인 것이다.

번뇌가 없애야 할 적이 아니라 친근히 보살펴야 할 도반이라고 생각하는 것만으로도 마음은 벌써 편안해진다.

코로나19 때문에 수많은 사람들이 괴로움을 겪고 있지만, 다른 한편 코로나19 덕분에 인류는 자신을 돌이켜볼 수 있게 되었다.

페스트라는 사회적 재난을 통해서 유럽 사회의 의술과 과학이 발달한 것처럼 코로나19 팬데믹을 통해서 인류는 다시 큰 교훈을 얻고 있다. 나와 남이 둘이 아니며, 인간과 자연이 둘이 아니다. 나만 건강하다고 마음대로 다닐 수 없으며, 인간만 괜찮다고 자연을 함부로 훼손해서도 안 되는 것이다.

몸과 마음을 관찰하여 무아(無我)를 깨치고, 대아(大我)로 전환시켜, 바로 지금 여기에서 시아(是我)로 완전 연소하는 것이 잘사는 것이다. 이를 아는 만큼 전하고, 가진 만큼 베푸는 것이 더 잘사는 것이다.

셋째,

행불 명상

일반 명상 VS 행불 명상

몸은 부처가 아니고
음성 또한 그러하네.
하지만 이를 떠나서
부처의 신통력을 볼 수도 없다네.
- 『화엄경』

일반적인 명상은 수행을 통해 깨달은 이, 즉 부처가 되고자 한다. 하지만 행불 명상은 부처의 행을 수행하는 것(修行佛行)을 말한다. 다시 말해 부처가 되기 위한 수행이 아니고, 본래 부처에 입각해서 닦는 수행이다. 이른바 중생지견으로 수행하는 것이 아니라 불지견에 입각한 수행인 것이다.

우리는 본래 부처다. 지금도 그렇고, 앞으로도 그렇다. 이를 굳게 믿고 '지금 부처'로 현성해 나아가는 것이다.

이것은 해탈을 향해서 가는 것이 아니다. 본래 해탈에 입각해서 닦는 것이다. 예컨대 달은 항상 보름달이기 때문에 초승달이나 그믐달이 굳이 보름달이 되려고 애쓸 필요가 없다. 때가 되면 저절로 보름달로 나타날 것이다. 그러므로 초승달은 초승달대로, 그믐달은 그믐달대로 자신의 역할을 다하면 그뿐!

결국 행불은 '완전 연소'를 의미한다. 찌꺼기가 남지 않는 것이다. 깨달음을 얻기 위한 수행이 아니라 깨달음 상의 수행이기 때문에 바로 지금 여기에서 평화롭다. 목적과 방법은 둘이 아니므로 수행이 곧 깨달음이며, 깨달음이 곧 수행이다. 지나가 버린 과거를 근심하지 않고, 오지 않은 미래를 걱정하지도 않으며, 지금 이 순간에도 머무르지 않는다.

보이는 것을 보기만 하고, 들리는 것을 듣기만 하고, 느끼는 것을 느끼기만 하고, 아는 것을 알기만 할 뿐 거기에 '나'는 없다. 그러므로 바로 지금 여기에서 완전 연소할 뿐, 밥 먹을 땐 밥 먹을 뿐, 잠잘 땐 잠잘 뿐, 늙어 갈 땐 늙어 갈 뿐, 아플 땐 아플 뿐, 죽을 땐 죽을 뿐이다.

가세, 가세, 건너서 가세! 애착하면 못 가나니
몸과 마음 진짜 아니요, 관찰자가 진짜 나라네!
얼씨구, 절씨구, 차차차! 지화자 좋구나, 차차차!
대면 관찰! 행복 충만! 아니 가지는 못하리라, 차차차!

몸과 마음은 아바타요, 관찰자가 진짜 나이지만 궁극적으로 아바타와 관찰자는 둘이 아니다. 마치 빙산과 바다가 둘이 아닌 것과 마찬가지다. 빙산은 바다에서 생겨나 녹으면 바다로 되돌아간다. 비유하자면 물 위로 솟아나 보이는 부분이 몸이요, 수중에 잠겨 보이지 않는 부분이 마음이다. 보이는 부분이 녹아 없어져도 보이지 않는 부분이 남아 있으면 다시 빙산이 형성된다. 이것이 윤회다. 보이지 않는 부분까지 녹아 없어지면 그대로 바다로 돌아간다. 이것이 해탈이다.

그러므로 바로 지금 여기에서 스스로 해탈의 몸가짐과 마음가짐을 연습하는 것이 첫째로 중요하다. 더 나아가 아는 만큼 전하고, 가진 만큼 베풀어 모두 해탈하도록 해야 한다. 이것이 행불 명상이자 진정한 참선이다.

나는 내가 창조합니다.
지금 이 모습도 나의 작품일 뿐!
부처의 행!
그것은 머무르지 않는 삶이며
바로 지금 여기에서 더불어 생동하는 삶입니다.

행복은 현재의 선택이다

세상에서 정신과 의사가 가장 많은 프랑스 파리. 그 중심가에 있는 정신과 의사 꾸뻬 씨의 진료실은 언제나 상담 환자들로 넘쳐났다. 그는 많은 것을 갖고 있으면서도 스스로 불행하다고 여기는 사람들 틈에서 어느덧 자신 역시 행복하지 않다고 결론 내리고 진정한 행복을 찾아 여행을 떠났다.

그는 중국과 아프리카, 그리고 미국 등지를 여행하면서 행복에 관한 교훈을 스물세 가지로 정리하였지만 가장 중요한 것은 화통한 웃음을 자주 터뜨리는 중국 노승에게서 터득한 행복의 비밀이었다. 그 비밀은 다름 아니라 행복은 '미래의 목표'가 아니라 '현재의 선택'에 있다는 점이다.

지금 이 순간 행복하기로 선택한다면 얼마든지 행복할 수 있건만, 대부분의 사람들이 행복을 목표로 삼으면서 지금 이 순간 행복해야 한다는 사실을 잊는다는 것이다. 그것은 가난함이나 부유함, 과거나 미래의 일들과는 상관없다. 그 누구라도 지금 이 순간, 생각에서 벗어나 눈을 뜨고 바라보기만 하면 발견할 수 있는 행복이었던 것이다.

이러한 내용의 『꾸뻬 씨의 행복 여행』을 무릎을 쳐 가며 읽고,

필자의 달에 대한 단상이 떠올랐다. 우리는 때에 따라 하늘에 뜬 달을 '초승달', '반달', '보름달', '그믐달' 등으로 부르고 있지만 사실상 달은 한 번도 이지러지지 않았다. 달은 항상 보름달인 것이다.

달은 항상 크고 밝고 둥글다. 우리 눈에 이지러지거나 반쪽짜리로 보인다 하더라도 달 자체가 이지러지거나 반쪽이 난 것은 아니다. 그림자가 가려서 그렇게 보일 뿐. 일종의 착시현상이다.

우리는 이러한 착시현상 속에서 끊임없이 보름달을 기다린다. 심지어 연초에 보름달을 보며 소원을 빌면 반드시 이루어진다는 근거 없는 믿음을 가지고 크고 밝고 둥그런 대보름달을 기다리기도 한다. 하지만 눈에 보이는 대보름달은 일 년에 단 한 번 속절없이 지나가 버린다. 그러고는 다시 내년의 대보름달을 기다린다.

그러나 알고 보면 달은 항상 보름달이다. 나날이 보름달이며, 나날이 소원을 빌면 이루어지는 날이다.

행복은 달의 본모습처럼 이미 매일 와 있는 것이 아닐까? 매일 매일을 크고 밝고 둥글게 살아갈 수 있건만, 언젠가 크고 밝고 둥글게 살 수 있는 날이 오리라고 착각하며 살아가고 있는 건 아닐까? 그래서 바로 지금 여기에서의 행복과 웃음을 유보하고, 좀 더 풍족한 생활과 좀 더 원만한 관계와 좀 더 많은 소원이 이루어질 때, 비로소 행복한 웃음을 웃을 수 있으리라고 스스로 위안하면서 살아가는 것은 아닐까? 하지만 그런 날은 마치 대보름달처럼 일 년에 단 한 번 순간적으로 지나가 버리거나 아예 오지 않을 수도 있다.

우리는 수많은 착시 속에 살고 있는 줄 모른다. 심지어 시간과 공간 자체도 우리가 설정한 기준에 따라 볼 뿐이다. 이 땅을 기준으로 보자면 해는 동쪽에서 떠서 서쪽으로 지지만, 우주 허공에서 보면 오히려 지구가 해의 둘레를 돌고 있는 것이다.

이와 같이 참선의 가르침은 결국 고정관념과 선입견이라는 해묵은 착시현상에서 벗어나 사물을 있는 그대로 보면 바로 지금 여기에서 행복해질 수 있다는 것이다.

고려시대의 진각국사 혜심이 집대성한 한국 최초의 공안집 『선문염송』 제1칙은 다음과 같다.

세존께서 도솔천을 떠나시기 전에
이미 왕궁에 강림하셨으며,
어머니 태에서 나오시기 전에
이미 사람들을 다 제도하셨다.

석가세존께서 도솔천에 머무르시다 카필라 왕궁으로 강림하셨으며, 어머니인 마야부인의 태에서 나와 태자의 몸으로 계시다 출가하고, 마침내 성도하신 후 중생을 제도하신 것은 누구나 다 아는 역사적 사실이다. 그런데 이 화두는 도대체 무슨 소식을 말하고 있을까? 도솔천을 떠나시기 전에 이미 왕궁에 강림하신 것은 그렇다 치고, 어머니 태에서 나오시기 전에 이미 사람들을 다 제도하셨다고? 이것이 과연 무슨 소식일까?

번뇌는 별빛이라

'세사(世事)에 시달려도 번뇌는 별빛이라'. 조지훈의 시 「승무(僧舞)」의 한 구절이다. 석가모니 부처님은 샛별을 보고 도를 깨치셨다. 이에 대해 『선문염송』에서는 다음과 같은 게송을 덧붙이고 있다.

> 샛별을 한번 보자 꿈에서 깨어나니
> 천년 묵은 복숭아씨에 푸른 매실이 돋는구나.
> 비록 국 맛을 돋우지는 못해도
> 일찍이 장병들의 갈증을 덜어 줬네.

쌍계사 선방 정진 당시 주련에 걸린 이 게송을 보고 온몸에 전율을 느꼈다. 도를 깨친다는 것은 꿈에서 깨어나는 것이다. 꿈에서 깨어남은 헤드셋을 벗고 본래 자리로 돌아온 소식이다. 돌아와 보니 샛별을 포함한 우주는 가상현실인 메타버스였으며, 몸과 마음은 아바타였다. 진짜 현실과 전혀 다름없게 만들어진 가상현실 속 아바타 게임에 푹 빠져서 어느덧 자신이 아바타임을 망각하였던 것이다.

본래 자리로 돌아와 가상현실 속 아바타를 바라볼 수 있게 되었다면 무언들 할 수 없겠는가? '천년 묵은 복숭아씨'에 '푸른 매실'이

돋게 하는 것은 일도 아니다.

조조가 적벽대전에서 패퇴하여 도망가던 장병들에게 "저 앞에 푸른 매실 숲이 있으니 갈증이 사라질 것이다."라고 외쳤다. 이에 허기지고 목말라 지쳐 있던 병사들의 입에 문득 침이 고이며 심기일전해 무사히 살아났다.

이처럼 메타버스 속 아바타에게 실체는 없지만 현상은 있다. 그러므로 작용을 무시해선 안 된다. 선용하면 내공 점수가 올라가고, 악용하면 내공 점수가 떨어진다. 내공 점수에 따라 더 좋거나 더 나쁜 아바타를 받을 수 있다.

최고의 선용은 '번뇌'라는 현상조차 잘 활용하는 것이다. 일어나고 사라지는 별빛을 바라보듯 '나의 번뇌'를 '아바타의 번뇌'로 바라보면 번뇌는 더 이상 '나의 것'이 아니다. 이른바 세사에 시달려도 번뇌는 별빛인 것이다.

우리가 들어온 가상현실인 사바세계(忍苦土)는 고통을 견디며 사는 세상이다. 고통이 없기를 바라지 말고, 고통을 잘 활용해야 한다. 번뇌를 없애려고 할 것이 아니라, 해탈의 디딤돌로 삼아야 한다. 번뇌가 없으면 해탈도 없기 때문이다.

영취산에서 꽃을 들어 상근기에게 보이시니
눈먼 거북이 떠다니는 나무토막 만난 듯
가섭이 빙그레 웃지 않았더라면
끝없이 맑은 향기 누구에게 전했으랴?

세 알의 약

고정된 실체로서의 나는 없다.
그러므로 어떠한 나도 만들 수 있다.
바로 지금 여기에서
몸가짐과 마음가짐이 나다.

'일수사견(一水四見)'이라는 말이 있다. 똑같은 물이지만 보는 이의 안목에 따라 달리 보인다는 것이다. 사람에게는 바다가 물로 보이지만 천신에게는 옥쟁반으로, 물고기에게는 집, 아귀에게는 불로 보인다고 한다. 그러므로 자신의 안목을 충족시키려는 노력과 아울러 안목의 수준을 한 단계씩 높이는 것이 삶의 목표가 되어야 한다.

『금강경』에서는 다섯 가지 안목을 제시하고 있다. 육안(肉眼)과 천안(天眼), 그리고 혜안(慧眼), 법안(法眼), 불안(佛眼)이 그것이다. 육안은 육신의 안목, 천안은 천신의 안목, 혜안은 무아(無我)의 안목, 법안은 대아(大我)의 안목, 불안은 시아(是我)의 안목이다.

육신의 안목은 이 몸뚱이가 '나'라고 생각하는 것이다. 천신의 안목은 이 마음이 '나'라고 생각하는 것이다. 무아의 안목은 몸과 마음은 아바타라고 생각하는 것이다. 대아의 안목은 이 세상에 나 아

닌 것이 없다고 생각하는 것이다. 시아의 안목은 몸가짐과 마음가짐
이 바로 '나'라고 생각하는 것이다.

행불 명상은 바로 이 시아의 안목으로 매사에 임하는 것이다.

첫째, 근심 걱정에서 벗어나려면 아바타 환(丸)을 복용해야 한
다. 그것은 아바타 명상으로 몸과 마음을 격리 치료하는 것이다.

둘째, 중생심에 머무르지 않고 자존감을 회복하려면 바라밀 환
을 복용해야 한다. 바라밀 명상으로 스스로 면역력 회복을 하는 것
이다.

셋째, 평화롭게 살아가려면 행불 환을 복용해야 한다. 행불 명상
으로 완전 연소하는 것이다. 한편 남들에게 아바타 환과 바라밀 환
을 복용하도록 적극 권장하고 돕는 것이다. 대다수의 국민이 백신을
맞아야 집단 면역이 형성되는 것처럼 인류 가운데 해탈하는 이가 대
다수가 나와야 인류 평화가 달성되기 때문이다. 코로나19 사태 속에
서 나 혼자 건강하다고 자유롭게 살아갈 수 없는 것처럼 나 혼자 해
탈했다고 해서 사회적 평화가 이루어지지는 않는다.

우리는 모두 무한한 가능성을 가진 존재다. 걸림돌을 디딤돌 삼
을 때 가능성이 현실화된다. 세 알의 약은 주어졌다. 복용은 당사자
의 문제다. 증상에 따라 적절히 잘 사용하여 인류가 병고는 물론 생
사의 고통에서 해탈하기를!

견성 공부

행불 명상은 몸과 마음이 아닌 성품에 초점을 맞춘다. 그래서 '견성 (見性) 공부', 혹은 '견성도인'이라고 하는 것이다. 이는 곧 '본 마음'· '참 나'를 밝히는 수행이다. 본 마음·참 나는 어느 누구에게나 본래 부터 갖추어져 있으며, 청정무구하여 일찍이 티끌 세간 속에서도 물 든 일 없이 완전하다고 한다. 참선은 이러한 본 마음·참 나에 대한 확고한 인식 내지는 신심에서 이루어져야 하며, 이는 올바른 참선의 선결 조건이기도 하다. 다시 말해서 비록 겉보기에는 좌선(坐禪)의 자세나 모습 혹은 생활 선(禪)의 취지 등이 유사한 듯 보인다 해도 불 교의 참선과 여타 종교의 명상법에는 차이가 있는 것이다.

역사적으로 볼 때 참선 대중화의 기반을 닦은 이는 육조 혜능 스님이라고 할 수 있다. 육조 스님은 결코 몸의 좌선을 강조하지 않 았으며, 마음으로 화두 드는 것도 주창하지 않았다. 다만 자신의 본 성을 바로 볼 것, 즉 '견성'을 강조하였을 뿐이다. 다시 말해 선지식의 지도로써 단박에 자신의 본성을 되돌아보아야 한다고 하였다. 이것 은 기존에 없던 것을 만들어낸다거나 부족한 것을 채워나가는 것이 아니다. 이미 갖추고 있는 것을 돌이켜 확인하면 되는 까닭에 '단박 (頓)'인 것이다.

그것은 결코 특수한 시간에 특수한 장소에서 특수한 사람들만이 행할 수 있는 방법이 아니다. 언제 어디서나 누구든지 행할 수 있는 열린 참선이어야만 한다. 본 마음·참 나는 언제 어디서나 누구에게든 갖추어져 있기 때문이다.

그러므로 본래 참선이란 일체의 형식과 방법에서 벗어나 있다고 볼 수 있다. 굳이 표현하자면 선지식의 지도와 자신의 열려 있는 마음이 필요하다고나 할까. 하지만 그 선지식조차도 다분히 자신의 마음가짐 여하에 달려 있다. 마음이 열린 이에게는 자연 그대로가 두두물물(頭頭物物) 선지식 아님이 없을 것이나 마음이 닫힌 사람 앞에는 비록 불보살과 달마 대사가 당장 나타난다 해도 크게 얻는 바가 없을 것이다.

참선이란 언제 어디서나 누구에게나 열려 있는 수행임을 밝혔다. 하지만 그것은 다만 원칙일 뿐이고, 이를 현실화시키기 위해서는 다시 일정한 방법이 필요하게 된다. 그것이 곧 몸의 좌선이며 마음의 화두 챙김(看話)인 것이다.

좌선은 안락의 법문

좌선의 자세에 관해서는 종색 스님의 『좌선의(坐禪儀)』를 참고하면 된다. 실제로 가장 중요한 점은 허리를 바르게 펴는 것이며, 전체적으로 자연스럽게 자세를 취하는 것이 좋다. 호흡도 자연스러운 것이 좋으며, 복식호흡을 권장할 수도 있다. 이러한 점들은 스스로가 오랫동안 해나가다 보면 자연스럽게 터득된다고 할 수 있다.

무엇보다 중요한 점은 마음가짐이다. 어떠한 마음가짐으로 좌선에 임해야 하는가?

첫째로 염두에 둘 것은 바로 좌선은 안락(安樂)의 법문이라는 점이다. '안락'이란 말 그대로 편안하고 즐겁다는 뜻이다. 그러므로 좌선에 임하는 마음가짐은 편안하고 즐거워야 한다.

편안하고 즐겁기 위해서는 우선 만족해야 한다. 만족하기 위해서는 더 이상 추구하는 바가 없어야 한다. 일체의 바람을 놓고 쉬어야 한다. 심지어는 깨닫고자 하는 마음조차도 하나의 헐떡임에 불과함을 알아야 한다. 일체 생각의 분별(思量分別)과 '나'라고 하는 생각 내지는 깨치고자 하는 마음까지도 모두 놓아 버리고 다만 앉아 있을 뿐이다.

그렇게 5분 앉으면 5분 부처다. 좌선이란 몸을 앉혀 고요히 할 뿐 아니라 마음을 앉혀 쉬도록 하는 것이다. 그러기 위해서는 5분 앉으면 5분 부처라는 신념을 가질 필요가 있다. 앉아 있는 부처는 더 이상 부처가 되고자 할 필요가 없다.

자성, 즉 우리 모두의 본 마음·참 나는 본래 완전하므로 더 이상 그릇됨만 없으면 자성의 계(戒)요, 더 이상 산란함만 없으면 자성의 정(定)이요, 더 이상 어리석음만 없으면 자성의 혜(慧)인 것이다. 이런 관점에서 보면 수행을 해나간다거나 깨달음을 얻는다거나 하는 것도 우스갯소리에 불과하다. 그러므로 더 이상 그 무엇도 추구할 필요 없이 다만 5분 앉아 있으면 5분 부처라고 하는 것이다.

아울러 좌선할 때에는 '몸으로써 깨닫는다'는 입장을 취할 필요가 있다. 부처님께서도 차라리 사대(四大)로 된 물질, 몸에 대해서는 '나'와 '나의 것'에 매일지언정, 의식(意識)에 대해서 '나'와 '나의 것'에 매이지 않아야 한다고 말씀하셨다. 이처럼 우리는 고정관념이나 선입견에서 벗어나기가 어려우며, 우리의 생각은 하루에도 수십 번씩 바뀌고 흔들리는 것이다.

그렇기 때문에 사량분별, 즉 생각의 분별이나 지견(知見)의 이해, 알음알이로써 깨닫고자 한다면 백천만 겁이 흘러 미륵보살이 하생한다 해도 깨치기는 불가능하다. 그럴 바에야 이러한 알음알이는 모두 부처님께 맡겨 버리고, 몸으로써 깨닫는다는 마음가짐으로 좌선에 임하는 것이 오히려 보탬이 된다.

행불 명상은 '바로 지금'

5분 앉으면 5분 부처라고 하는 것은 바로 지금 여기에서 다만 좌선할 뿐 여타의 사념이나 동작이 일체 끊어진 것을 의미한다.

우리는 대부분 영원을 희구한다. 하지만 그 영원이라는 것은 바로 지금을 떠나서 별도로 존재하는 것이 아니다. 오히려 바로 지금의 이 순간들이 영원인 것 아닐까?

과거는 이미 흘러갔다. 미래는 아직 오지 않았다. 현재는 잠시도 머무르지 않는다. 그러므로 우리에게 현존하는 가장 중요한 시간은 바로 '지금'일 따름이다. 바로 지금을 떠나서는 과거도, 미래도 존재하지 않는다. 오늘은 내일을 위해서 존재하는 것이 아니다. 오늘은 오늘로서 절대적이다.

따라서 바로 '지금'을 떠나 마음의 평화 또는 육체적 안식을 구해서는 안 된다. 바로 지금 여기에서 마음의 편안함을 성취할 수 없다면 어느 때를 기다려 성취할 것인가. 그러므로 이미 지나가 버린 과거에 대한 회한이나 후회, 설움 등 일체를 놓아 버리고, 아직 오지 않은 미래에 대한 막연한 기대나 걱정 따위도 떨쳐 버린 채, 오직 바로 지금 여기에서 다만 좌선에 몰두할 뿐이다.

이러한 연습은 매우 중요하다. 일단 이러한 마음가짐이 숙달되어야 비로소 생활 선에 대해 입을 뗄 수 있을 것이다. '바로 지금 여기에서 오직 좌선할 뿐', 이러한 습관을 어느 정도 익혀야만 비로소 배고프면 밥 먹고, 졸리면 잠잘 따름이라는 선사들의 가르침이 와닿을 것이다. 그러므로,

바로 지금 여기에서 오직 밥 먹을 뿐,
바로 지금 여기에서 오직 잠잘 뿐,
바로 지금 여기에서 오직 대화할 뿐,
바로 지금 여기에서 오직 일할 뿐,
바로 지금 여기에서 오직 살아갈 뿐,
바로 지금 여기에서 오직 죽을 뿐.

이것이 가능해지는 것이다. 따라서 좌선은 연습이요, 생활이 실전이라고 하는 것이다. 좌선이야말로 가장 확실한 시간과 공간인 바로 지금 여기 이 자리에서 '다만 할 뿐'이라고 하는 '뿐' 연습이다. 이렇게 연습해서 마침내 몸도 사라지고 마음도 사라진(身心脫落) 상태에서 이르게 되면 점차 이러한 경지가 생활 깊숙이 스며들게 되어 쓸데없는 상념에서 벗어나 자신에게 주어진 몸과 마음을 100퍼센트 활용할 수 있게 되는 것이다.

자성은 본래 완전하다

사람들은 수행이라는 원인을 통해서 깨달음(覺)이라는 결과를 얻는 것으로 생각한다. 하지만 이는 상식적인 견해에 불과할 뿐이다. 참다운 도(道)는 상식에 기반하면서도 상식을 초월한다.

도는 닦는 데 속하지 않는다(道不屬修). 닦아서 터득한다면 닦아서 이루어졌으니 다시 부서질 것이다. 즉 인과에 매어 있는 것이다. 그렇다고 해서 닦지 않는다면 그저 범부이다. 그렇다면 어떻게 이해해야 도를 깨칠 수 있는 것일까? 마조 스님이 설했다.

"자성은 본래 완전하니 선이다, 악이다 하는 데 막히지 않기만 하면 도 닦는 사람이라 할 것이다."

자성, 즉 본 마음·참 나는 본래 완전하다고 하는 것이다. 그러므로 선(善)이라고 해서 취한다거나 악(惡)이라 해서 버린다거나 공(空)을 관찰해 선정에 들어간다거나 하는 것은 공연히 일을 만들어내는 것이다. 오직 한 생각 망념이 삼계(三界) 생사의 근본이니 이 한 생각 망념만 없으면 즉시 생사의 근본이 없어지며 부처님의 위 없는 진귀한 보배를 얻게 된다고 하는 것이다. 그러므로 참으로 도를 닦는 사람은 오직 이 한 생각 망념만 없애면 될 따름이다. 즉 도는 닦음을 필요로 하지 않으며, 다만 물들지만 않으면 될 뿐이다. 평상심이 도이기 때문이다.

평상심이란 평상시의 마음을 뜻한다. 평상시의 우리 마음은 안팎의 역순경계(逆順境界)에 흔들리고 있는 듯하지만 가만히 살펴보면 평온을 기저로 하고 있음을 알 수 있다. 다만 사랑하거나 미워하는 경계에 부딪혀 홀연 분간하고 선택할 따름인 것이다.

평상심이 도라고 하는 말처럼 안심을 주는 표현이 또 있을까? 그 무엇도 더 이상 멀리 찾을 것이 없으며, 완벽해지고자 애쓸 필요도 없다. 다만 나 자신의 평상시 마음 그대로를 유지해나가기만 하면 될 따름이다.

본 마음·참 나에는 이미 모든 것이 완벽하게 갖추어져 있다. 그러므로 이에 입각한 수행이란 결코 무언가를 새롭게 만들어나가는 과정이 아니며, 본 마음·참 나를 지켜나가는 것일 따름이다. 다시 말해 이것은 완성을 향하여 나아가는 것이 아니다. 이미 완성된 상태를 지켜나가는 것이다. 그러기 위해서는 한 생각 망념이 일어날 때 얼른 이를 다스려야 하는데 이때 유용한 것이 바로 화두이다.

관찰자를 관찰하라

명상이 대세인 요즘, 어느 때인가 한 러시아 청년이 행불선원을 찾아왔다. 잠깐 우리나라를 방문했는데 참선에 큰 관심이 있어 인터넷으로 검색해 찾아왔다는 것이다.

사실 명상과 참선은 근본적으로 다르지 않다. 둘 다 밖으로 향한 시선을 내부로 돌려 자신을 돌이켜보는 것이기 때문이다. 다만 관찰의 대상에 차이가 있다. 명상은 몸과 마음을 관찰하고, 참선은 관찰하는 자를 관찰하는 것이다.

마음을 편안히 해 주는 수행인 참선에도 네 가지가 있다. 행선, 주선, 좌선, 와선이 그것이다. 행선은 걸어 가며 참선하는 것이고, 주선은 머무르며, 좌선은 앉아서, 와선은 누워서 하는 것이다.

첫째, 행선(行禪)은 번잡한 일상생활에서 벗어나 몸과 마음을 안정시키기 위해 먼저 실시한다.

일렬로 줄지어 천천히 시계 반대 방향으로 돌면서 '마하반야바라밀'을 염한다. 이때 화두를 발바닥에 두고 한 발씩 디딜 때마다 '마하', '반야', '바라', '밀-'이라고 염한다. 수행자는 그 소리를 듣는다. 듣는 성품을 돌이켜 듣는다.

둘째, 주선(住禪)은 자기의 자리로 돌아가 장궤합장하고 '마하반야바라밀'을 염한다. 이 역시 시계 반대 방향으로 돌아가며 두 번씩 큰 소리로 주거니 받거니 염하고 화답한다. 장궤합장은 집중에 매우 효과적이다. 아울러 다른 이들이 번갈아 염하는 소리를 귀담아듣는 것이야말로 가장 효율적인 수행법이다. 마무리하며 "마하반야바라밀을 염하고 들을 때 이 성품이 어떤 건가, 어떻게 생겼을까?" 복창하도록 한다.

셋째, 좌선(坐禪)이다.

가부좌를 틀고 좌선을 한다. 온몸의 긴장을 풀고 허리만 반듯하게 펴 준다. 입은 다물고 코로 숨을 쉬되, 시작과 마무리 시에는 즐거운 마음으로 입가에 미소를 띠도록 한다. 시선은 정면을 바라본 상태에서 살짝 아래로 떨어뜨린다. 눈은 반쯤 열거나 살포시 감아도 좋지만 마음의 눈은 항상 떠 있어야 한다. '마하반야바라밀'을 염하며 그 소리를 듣고 있는 것이 깨어 있는 것이다. 앉으나 서나, 오나가나, 자나 깨나 '마하반야바라밀'을 염하면서 그 소리를 듣도록 한다.

넷째, 와선(臥禪)이다.

모든 것을 놓아 버리고 편히 눕는다. 다리, 팔, 몸통, 머리의 순으로 내려놓도록 한다. 몸을 내려놓고 나서 마음을 내려놓도록 한다. 마음을 코 밑에 집중하고 숨을 들이쉬며 '마하', 내쉬며 '반야', 다시 들이쉬며 '바라', 내쉬며 '밀-' … 그렇게 관찰하도록 한다. 일어나기에 앞서 태중(胎中) 아기 자세를 취하도록 한 후 깨어나며 다시 태어나는 첫 일성으로 '마하반야바라밀'을 염한다. 마무리하며 "마하는 큼이요, 반야는 밝음이요, 바라밀은 충만함이다. 마하반야바라밀이나요, 내가 마하반야바라밀이다. 나는 본래 크고 밝고 충만하다." 복창하도록 한다.

　최근 참선 실습을 진행하면서 초기불교경전의 핵심 게송 108가지를 함께 둘러앉아 돌아가며 하나씩 독송하였다. 그러다 보니 읽을 때와는 달리, 마치 부처님의 육성을 듣는 듯한 느낌이 들었다. 몇몇 분은 눈물을 흘리기도 하였는데 그것은 감격의 눈물이었다.

　석가세존 당시에도 사람들의 마음의 문을 연 것은 게송이었다. 게송을 듣고 마음의 큰 변화를 맛보았던 것이다. 현대에도 수행을 열심히 하는 이는 많지만 마음의 문이 쉽게 열리지 않는 것은 게송을 간과하기 때문이 아닌가 싶다.

　예컨대 바히야는 길거리에 선 채로 '보이는 것을 보기만 하고, 들리는 것을 듣기만 하고, 느끼는 것을 느끼기만 하고, 아는 것을 알기만 하라. 그럴 때 거기에 그대는 없다. 이것이 고통의 소멸이다.'라고 하는 간단명료한 부처님의 게송을 듣고 곧바로 아라한과를 얻었다고 하지 않았던가. 또한 참선의 중흥조인 육조 혜능 선사도 나무를 팔고 돌아가던 중 『금강경』의 게송을 듣고 마음이 열렸다고 한다.

　이렇듯 게송이 마음의 눈을 뜨게 해 주는 반면 참선은 궁극적으로 마음을 편안하게 해 준다. 그래서 최초로 참선을 중국에 전한 보리달마의 가르침을 '대승안심법문(大乘安心法門)'이라고 하는 것이다.

달마가 서쪽에서 온 까닭

달마 대사에게 혜가가 말했다.

"저의 마음이 편안치 않으니 스님께서 편안케 해 주십시오(我心未寧 乞師與安)."

대사가 말했다.

"마음을 가져오너라. 편안케 해 주리라(將心來 與汝安)."

혜가가 대답했다.

"마음을 찾아보았으나 얻을 수 없습니다(覓心了 不可得)."

대사가 다시 말했다.

"네 마음을 벌써 편안케 해 주었느니라(與汝安心竟)."

  － 『선문염송』

『선문염송』에 수록된 이상의 대화는 중국 땅에 처음으로 선법(禪法)을 전한 보리 달마와 그 제자 혜가와의 문답이다. 혜가는 책도 많이 읽었으며, 이곳저곳으로 가르침을 구해 다녔으나 궁극적으로 불안한 마음을 달랠 수 없었다. 결국 중국 선종(禪宗)의 초조인 보리 달마를 만나 이 문제를 해결할 수가 있었던 것이다.

이렇게 보자면 선법문(禪法門)은 곧 안심법문(安心法門)이며, 선사는 결국 심성 치료사에 다름 아니다. 보리 달마의 어록인 『이입사행론(二入四行論)』에서는 그의 가르침을 '대승안심지법'이라 지칭하고 있다. '모든 사람들의 마음을 편안하게 해 주는 가르침'이라는 의미이다. 결국 달마 대사가 서쪽 인도에서 온 까닭은 '사람들의 마음을 편안케 해 주기 위해서'라고 볼 수 있다.

안심에도 종류가 있다. 일시적 안심과 궁극적 안심이다.

일시적 안심은 의타적 안심이다. 밖으로 부처님이나 관세음보살, 혹은 신을 의지하여 얻는 것이다. 하지만 밖의 무언가를 의지하여 안심을 얻는 것은 궁극적이지 못하다. 물질적 존재인 돈이나 술, 혹은 마약에 의지하여 일시적으로 마음의 편안함을 느끼는 것이나, 정신적 존재인 절대자에게 의지하여 마음의 편안함을 얻는 것은 본질적으로 다르지 않다. 이러한 외부의 조건은 언제 어떻게 변화할지 모른다. 나의 통제권을 벗어난다. 그러므로 끊임없이 밖으로 갈구해야 한다.

궁극적 안심은 자생적 안심이다. 스스로 터득하는 것이다. 번뇌 망상과 불안감은 모두 주인이 아니라 손님에 불과하다. 손님을 보내버리고 비로소 주인이 되어 담벼락처럼 관찰해 나와 남이 없고 범부와 성인이 하나가 되면 비로소 더 이상 할 일이 없음을 알게 되는 것이다.

역경계를 만나면 과거생의 업이라 여겨 달게 받아들이고, 순경계를 만나면 다만 연(緣) 따라 온 것이라 굳게 믿어 기쁨과 성냄에 초연하다. 더 이상 구하는 바가 없으며 어느 쪽에 치우치거나 집착하지도 않는다. 육바라밀을 행하나 행하는 바가 없다.

궁극적 안심을 얻으려면 마음이 속하는 바가 없어야 한다. 마음이 어디엔가 속하는 것이 아니라 모든 것이 마음에 속하도록 해야 하는 것이다.

마음이 속하는 바가 없으면 곧바로 해탈이요(心無所屬 卽是解脫),
마음이 짓는 바 있으면 곧바로 속박이다(心有所作 卽是被縛).

네 죄를 가져오라

이조 혜가 대사에게 삼조 승찬이 물었다.

"제자는 몸이 풍병에 걸렸으니, 청컨대 화상께서 죄를 참회케 해 주소서."

혜가가 대답했다.

"죄를 가져오너라. 참회해 주리라(將罪來 與汝懺)."

승찬이 말없이 있다가 말했다.

"죄를 찾았으나 찾을 수 없습니다(覓罪了 不可得)."

혜가가 말했다.

"그대의 죄는 다 참회되었으니, 불·법·승에 의지해 살라(與汝懺罪 竟 宜依佛法僧住)."

승찬이 말했다.

"제가 지금 화상을 뵈오니 승보(僧寶)는 알았으나, 불보(佛寶)와 법보(法寶)는 무엇입니까?"

혜가가 대답했다.

"마음이 부처요, 마음이 법보니라. 불보와 법보가 둘이 없나니, 승보도 그러하다."

승찬이 말했다.

"제자는 오늘에서야 비로소 죄의 성품이 안팎이나 중간에 있지 않으며, 그 마음이 그런 것처럼 불보와 법보도 둘이 없음을 알았습니다."

혜가가 몹시 대견하게 여겼다.

－『선문염송』

삼조 승찬 스님은 요샛말로 하자면 문둥병에 걸린 것이다. 많은 이들이 사소한 질환에 걸려도 내게 무슨 업장이 있어 병에 걸리게 되었나를 한탄하곤 한다. 그런데 문둥병의 경우 과거에는 하늘이 내린 형벌, 즉 '천형(天刑)'이라 하여 나와 남이 모두 죄인 시하고 기피하던 병이다. 그래서 이조 혜가 스님을 만나 죄를 참회케 해 달라고 청했던 것이다.

이에 혜가 스님은 앞서 달마 스님과의 문답과 유사하게 너의 죄를 내놓아 보라고 답했다. 찾아보아도 내놓을 죄가 없으니 더 이상 죄의식에 쌓여 지낼 필요가 없음을 깨치게 한 것이다.

백 겁 동안 쌓인 죄가(百劫積集罪)
한 생각에 몰록 소탕되어 없어지네(一念頓蕩盡).
마른 풀 더미에 불붙은 것과 같아서(如火焚枯草)
소멸하고 다하여 나머지가 없네(滅盡無有餘).

죄는 스스로의 성품이 없어서 마음 따라 일어날 뿐이네(罪無自性從心起).

마음 만약 소멸하면 죄 또한 사라지니(心若滅時罪亦亡)

죄도 사라지고 마음도 소멸해서 둘 다 공해지면(罪亡心滅兩俱空)

이것을 이름하여 진정한 참회라고 한다네(是卽名爲眞懺悔).

— 『천수경』

모두가 승찬 스님처럼 한 마디, 한 구절에 바로 죄가 참회되면 얼마나 좋겠는가? 참회야말로 참선에 들어가는 첫 관문이라 할 수 있다. 탐·진·치 삼독이 가득한 상태에서 좌선한다고 앉아 있어 봐야 끝없이 괴롭기만 할 따름이다. 물론 이를 꾹 참고 오랫동안 앉아 있다 보면 서서히 삼독이 가라앉음을 느끼겠지만 일반적으로 먼저 참회를 권장한다. 진실한 참회를 통해서 마음과 몸이 가벼워짐을 느낀다면 신심도 새록새록 더해 가고, 앉아 있기도 수월해지기 때문이다.

그렇다면 참회는 어떠한 요령으로 하는 것이 좋을까? 여러 가지 방법이 있겠지만 다음과 같은 방법이 효험이 있는 것이라 권장해 본다.

그 요령은 먼저 108배를 천천히 하면서 매 1배마다 한 가지씩 참회하는 것이다. 욕심부린 것, 성낸 것, 어리석었던 것의 순서로 하되 우선 욕심부린 것을 바로 지금부터 과거로 거슬러 올라가며 한 가지씩 참회한다. 이것이 끝나면 성낸 것을 과거로 거슬러 올라가면서 한 가지씩 참회한다. 다음에는 어리석었던 행동을 참회한다. 어리석음의 첫째는 자기 잘났다는 생각이며, 인과를 믿지 않는 것이다. 이러한 생각에서 우러나온 모든 어리석은 짓을 한 가지씩 떠올리면서 과거로 거슬러 올라가며 참회한다. 마지막으로 비록 지금은 생각나지 않지만 알고 지은 죄, 모르고 지은 죄 일체를 108배가 끝날 때까지 참회하는 것이다.

이러한 참회를 함에 있어서 무엇보다 중요한 점은 무조건적인 참회를 해야 한다는 점이다. 살다 보면 꼭 필요한 욕심이라든가, 도저히 어쩔 수 없는 상황에서 화를 냈다든가 할 수 있다. 그러나 이 또한 참회해야 한다. 결국 욕심내고, 화내고, 어리석었던 것은 다름 아닌 나의 마음이었기 때문이다.

가급적이면 같은 장소에서 같은 시간에 같은 요령으로 하는 것이 좋다. 이것은 참회뿐만 아니라 기도나 참선 등도 마찬가지이다. 물방울이 돌을 뚫을 수 있는 것은 지속적으로 같은 장소에 떨어져 내리는 까닭이다. 분산되어서는 큰 힘을 발휘할 수가 없는 것이다.

평소 정해진 식사 시간이 되면 자연히 배가 고파지고 식욕이 당기는 것처럼 같은 시간에 같은 장소에서 같은 요령으로 행하는 참회는 최소의 노력으로 최대의 효과를 보장한다.

이와 같은 방식으로 하루 이삼십 분 정도씩만이라도 꾸준히 참회하다 보면 열흘 내지는 보름 정도만 지나도 몸과 마음이 한결 거뜬하고 개운해짐을 느낄 수 있다. 스스로 짊어지고 있던 업장의 무게가 덜어지는 것이기도 하다.

어쨌든 마음이 훨씬 가벼워짐을 느낄 때까지 계속해 나아가자. 그리고 나서 참회를 통해 비워진 마음 자리에 반드시 커다란 서원을 채워 놓는 것이 좋다. 서원은 클수록 좋지만 가급적 자신의 현재 상황과 부합하는 것으로 하는 것이 더욱 좋다. 예컨대 깨달음을 구하는 마음이 간절한 경우에는 '일체중생이 모두 다 깨달음을 얻어지이다.' 하고, 병고에서 벗어나고자 하면 '일체중생이 모두 다 병고에서 벗어나지이다.' 하며, 마음의 편안함을 성취하고자 하면 '일체중생이 모두 다 마음이 편안해지이다.' 하는 식으로 발원하는 것이다.

역경계가 순경계

지극한 도는 어렵지 않으니(至道無難)
오직 간택함을 꺼릴 뿐이다(唯嫌揀擇).
증오하거나 애착하지만 않으면(但莫憎愛)
툭 트여 명백하니라(洞然明白).

털끝만큼이라도 차이가 있으면(毫釐有差)
하늘과 땅 사이로 벌어지나니(天地懸隔)
도가 앞에 나타나길 바라거든(欲得現前)
따름과 거슬림을 두지 말라(莫存順逆).
　－『신심명』

삼조 승찬 대사의 게송이다. 지극한 도는 결코 어렵지 않다. 그것은
고도의 학식이나 풍부한 경험을 요구하는 것이 아니다. 다만 분간하
고 선택하는 일만 그치면 된다. 애착도, 증오도 없는 사람은 근심, 걱
정, 괴로움도 없다. 진리는 이처럼 단순한 곳에 있음에도 불구하고
대부분의 사람들은 여전히 애착하거나 증오하는 데서 벗어나지 못
하고 있는 것이 현실이다.

그런데 가만히 살펴보면 결국 애착과 증오는 한 뿌리임을 알 수 있다. 궁극적으로 자신의 마음에서 비롯된 것이지 외부 조건은 다만 보조 요인에 지나지 않는 것이다.

예컨대 내가 어떤 사람을 지극히 사랑한다고 하자. 그때 상대방의 어떠한 매력에 이끌렸다고 말할 수 있겠지만 궁극적으로는 자신의 마음 가운데 채워지지 않는 부분을 그 상대방을 통해서 채우고자 하는 것이 아닐까?

남이 나를 좋아하는 경우도 마찬가지다. 결국 내가 정말 잘나고 매력이 있어서 나를 좋아한다기보다는 나를 좋아하는 이의 마음에 있는 애착 같은 것이 근본 요인이란 것이다. 내가 조금 남다른 면이 있다면 그것은 하나의 보조 요인에 지나지 않는 것이다.

그러므로 역경계가 닥쳐왔다고 해서 좌절할 것도 없으며, 순경계가 왔다고 해서 들떠 좋아할 것도 없다. 행복의 결정적 요인은 결코 외부 조건이 아닌 내부의 마음에 있음을 아는 이에게는 역경계야말로 자신의 마음을 닦을 절호의 기회인 것이다. 순경계는 오히려 아상을 증장시킬 우려가 있으므로 한층 조심해야 한다.

따라서 수행하는 이는 역순경계를 모두 심상히 생각하고 다만 참 나를 깨치는 데 주력해야 할 것이다.

불성에는 남북이 없다

조사께서 주장자로 방아를 세 번 치고 가시거늘 내가 조사의 뜻을 알고, 삼경에 조사를 찾아가니 가사로서 문을 가리고 아무도 모르게 한 뒤 『금강경』을 설해 주었다. '응당 머무는 바 없이 그 마음을 내라(應無所住 而生其心)'는 구절에 이르러 일체 만법이 자성 속에 있음을 크게 깨닫고 조사께 말했다.

"자성이 본래 청정함을 어찌 알았으리오.
자성이 본래 불생불멸함을 어찌 알았으리오.
자성이 본래 구족함을 어찌 알았으리오.
자성이 본래 동요가 없음을 어찌 알았으리오.
자성이 모든 법을 창조함을 어찌 알았으리오."
- 『육조단경』

자성의 발견과 그 대중화, 이것이야말로 육조 혜능 스님의 크나큰 업적이다. 혜능 스님의 일대기는 그야말로 한 편의 드라마와도 같다. 드라마에는 주인공이 있으며, 그 주인공을 보다 부각시키기 위한 상대역이 설정되어 있는 경우가 많다. 상대역은 뛰어난 인물이지만 결정적인 순간 주인공에게 최고의 자리를 내어 줄 수밖에 없는 운명이다. 혜능 스님에게 있어서 그 상대역은 신수 대사였다.

중국의 역사를 통틀어 전무후무한 여걸 황제가 당나라의 측천무후이다. 이 여황제는 두뇌가 비상하고 성격도 과감했다고 한다. 한편 불교에 관해서도 관심과 조예가 깊었다고 한다.

이러한 여걸 황제이니 만큼 자신에게 불법을 가르칠 스님을 선정하는 것도 매우 까다로웠음이 당연하다. 당시의 가장 뛰어나다고 하는 고승들 가운데서 두 명이 뽑혔고, 그 둘 가운데 한 명을 택하기 위한 방법으로 두 스님을 맨몸으로 목욕탕에 들어가게 한 뒤 아름다운 궁녀들로 하여금 옷을 벗고서 시봉하게 했다. 스님들의 수행 정도를 확실히 가늠해 보고자 했던 것이다.

이토록 험난한 시험을 거쳐서 마지막으로 선정된 고승이 대통 신수(607~706) 스님이다. 신수 스님은 측천무후는 물론 중종과 예종에게도 극진한 예우를 받아 세 황제의 국사(國師)이며 장안과 낙양의 법주(法主)라고 일컬어질 정도였다. 그는 어려서부터 유학을 배웠으며 박학다식하여 경·율·론은 물론 노장이나 훈고학, 음운 등에도 통달하였다고 한다. 또한 오조 홍인 스님 회상에서 상수제자로 인정받았던 터였다. 그렇지만 이처럼 각 방면으로 탁월했던 신수 스님으로서도 한 발짝 물러나 그 기량을 양보하고 감히 도력을 짐작하기 어려웠던 분이 바로 육조 혜능 스님이다.

경론 연구와 강연 등에 전념하며 이론적 경향이 강했던 중국불교에 오직 마음 법을 중시하는 실천적인 선(禪)을 고취함으로써 중국 선종의 초조가 된 이가 보리 달마이다. 보리 달마는 이조 혜가에게 법을 전하고, 혜가는 삼조 승찬에게, 승찬은 사조 도신에게, 그리고 도신은 오조 홍인에게 법을 전하였으며, 홍인에게서 마음 법을 전수받아 여섯 번째 조사가 된 이가 바로 혜능 스님이다.

혜능 스님이 앞서 언급한 신수 대사를 제치고 육조로 인가받아 의발을 전수받은 것은 다름 아닌 행자(行者) 때였다. 가히 획기적인 사건이라 할 수 있다. 이제 갓 입산해서 겨우 팔 개월 동안 방앗간에서 일만 하고 있던 행자 신분의 몸으로 인가의 표상인 가사와 발우를 오조 홍인 스님에게서 전수받았다는 것은 누구든지 단박에 스스로의 자성을 보기만 하면 깨칠 수 있다고 하는 돈오(頓悟)의 예를 몸소 보여 주고 있는 것이다.

혜능 스님은 출가 이전에 어려운 환경에서 자라 나무를 해서 어머니를 봉양하던 평범한 나무꾼에 불과했다. 다만 한 가지 특이한 점이 있다면 어느 날 땔나무를 팔고 오는 길에 『금강경』 읽는 소리를 한 번 듣고 마음이 밝아져 문득 깨쳤다는 것이다. 이것이 인연이 되어 홍인 화상을 찾아가 인사드리니 화상이 혜능에게 물었다.

"너는 어느 곳 사람인데 이 산에까지 와서 나를 예배하며, 이제 나에게서 새삼스럽게 구하는 것이 무엇이냐?"

"제자는 영남 사람으로 신주의 백성입니다. 지금 짐짓 멀리서 와 큰스님을 예배하는 것은 다른 것을 구함이 아니옵고 오직 부처 되는 법을 구할 뿐입니다."

"너는 영남 사람이요, 또한 오랑캐이거니 어떻게 부처가 될 수 있단 말이냐?"

"사람에게는 남북이 있으나 부처의 성품은 남북이 없습니다. 오랑캐의 몸은 스님과 같지 않으나 부처의 성품에 무슨 차별이 있겠습니까?"

이상의 내용이 홍인 화상과 혜능 스님이 처음 만나 주고받은 대화다. 이를 통해 보건대 혜능 스님은 이미 출가 이전에 불성에 대한 어떤 확신에 가득 차 있었던 것으로 보인다. 비록 지역이 다르고 몸뚱이가 다르다 하더라고 불성에는 아무런 차별이 없다고 하는 확신이야말로 일자무식이었던 혜능 스님이 당시 홍인 스님 문하에서 가장 각광받던 신수 스님을 제치고 의발을 받게 된 까닭이 아니었을까?

불성은 항상 청정하다

전법의 결정적 계기는 게송에 있었다. 신수 대사는 송했다.

　　몸은 깨달음의 나무요,
　　마음은 밝은 거울의 받침대.
　　때때로 부지런히 털고 닦아서
　　먼지 끼지 않도록 하라.

　　이에 반해 혜능은 송했다.

　　깨달음은 본래 나무가 없고
　　밝은 거울 또한 받침대 없네.
　　불성은 항상 청정하거늘
　　어디에 먼지가 끼겠는가?

　　혜능 스님의 게송은 파격적이다. 몸과 마음을 닦아야 한다는 신수 대사의 게송과 달리 몸과 마음은 실체가 없고 현상만 있는 아바타라고 하는 것이다.

반면 신수 대사의 게송은 상식적이다. '우리의 본성은 밝은 거울처럼 맑고 깨끗하다. 그러나 업장의 때가 끼어 있어서 본성을 보지 못할 따름이다. 그러므로 부지런히 수행을 하여 업장의 티끌을 벗겨내면 바야흐로 본성이 드러날 것이다.' 이러한 견해는 꾸준한 수행을 통해서 마침내 깨달음을 얻는다고 하는 지극히 당연한 이치라고 말할 수 있다.

그러나 혜능 스님은 한 차원 훨씬 올라서 있다. 불성은 항상 청정한 것이다. 거기에는 이미 수행을 통해서 벗겨내야 할 티끌이나 먼지가 존재하지 않는다. 따라서 우선적으로 중요한 것은 다름 아닌 자신의 성품을 보는 것(見性)이다. 그것은 이제부터 닦아서 부처가 되려는 것이 아니고, 누구나 있는 그대로 본래 부처임을 확인하는 것이다. 그것은 시간과는 상관이 없는 일이다. 출신이나 신분은 물론 학식이나 덕망과도 관계가 없다. 오직 자신의 성품을 스스로 돌이켜 비추어 보는 것이 중요하다.

竹影掃階塵不動이요 月穿潭底水無痕이로다.

대나무 그림자 섬돌을 쓸어도 티끌 하나 일지 않고 달빛이 연못을 뚫어도 물에는 흔적 하나 없도다.

- 『금강경오가해』

238

어떤 물건이 이렇게 왔는가

남악 회양 선사가 육조 혜능 스님께 참례하러 왔을 때 혜능 스님이
물었다.

"어느 곳에서 왔는가?"

"숭산(崇山)에서 왔습니다."

"어떤 물건이 이렇게 왔는가(什微物恁微來)?"

"설사 한 물건이라 해도 곧 맞지 않습니다."

"도리어 가히 닦고 증득할 수 있겠는가?"

"닦고 증득함(修證)이 없지는 않으나, 오염은 곧 될 수 없습니다."

"오직 이 오염되지 않는 것(不汚染)이 모든 부처님께서 호념하는 바
이다. 네가 이미 이와 같고 나도 또한 이와 같다."

– 『육조단경』

이 '오염되지 않는 것'은 너와 내가 이미 본래부터 갖추고 있는 것이
다. 오랫동안의 수행을 거쳐서 깨끗해지는 것이 아니다. 학식을 통한
것은 더욱 아니다. 일찍이 더러워진 적이 없기 때문이다. 이것을 단
박에 깨닫는 것(頓悟)이 가장 중요하다. 그것은 바로 한마음 돌이켜
자신의 본성을 보는 것(見性)이다.

이처럼 자성을 단박에 깨쳐서 수행하는 입장에서는 이미 갖추고 있는 불성을 지켜나가는 것이 중요하다. 따라서 불교 수행의 기본적 체계인 계·정·혜 삼학(三學)에 관한 견해도 기존의 틀과 달라질 수밖에 없다.

우선 신수 스님은 계·정·혜를 말하기를 '모든 악을 짓지 않는 것을 계라고 하고, 모든 선을 받들어 행하는 것을 혜라고 하며, 스스로 그 뜻을 깨끗이 하는 것을 정이라고 한다. 이것이 곧 계·정·혜이다.'라고 가르치고 있다. 이것은 그대로 전통적이고도 고전적인 해석이다. 어찌 보면 정통적인 입장이라고 말할 수 있을 것이다. 그러나 혜능 스님의 견해는 사뭇 다르다. 혜능 스님은 이렇게 풀이하고 있다.

마음의 땅(心地)에 그릇됨이 없는 것이 자성(自性)의 계요,
마음의 땅에 어지러움이 없는 것이 자성의 정이요,
마음의 땅에 어리석음이 없는 것이 자성의 혜이니라.

이처럼 혜능 스님은 자성심지법문(自性心地法門)을 한다. 자기의 성품은 본래 그릇됨도 없고, 어지러움도 없으며, 어리석음도 없다(自性은 無非·無亂·無痴). 이것은 '평상심이 도'라는 표현과도 일맥상통하는 것이다.

평상시의 우리의 마음은 무분별심(無分別心)이다. 그릇되거나 혼란스러움도 없으며 어리석지도 않다. 다만 눈에 부딪히고 귀에 들리는 경계에 휩쓸려 분별을 일으킬 따름이다. 이렇게 자기의 성품을

단박에 닦을 것(頓修)을 권하고 있는데 혜능 스님 법문의 큰 특징이 여기에 있음을 알 수가 있다.

위와 같이 범상한 사람으로서는 감히 흉내도 낼 수 없는 획기적인 발상의 전환을 이룩한 혜능 스님에 의해서 참선 대중화의 발단이 마련된 것이다.

참선은 더 이상 특수한 사람들이 특별한 장소에서 정해진 시간에 하는 것이 아니다. 언제 어디서나 누구든지 할 수 있는 열린 참선의 시대가 시작된 것이다. 이 경우 필요한 것은 다만 자성에 대한 확신이며, 닦는다는 것은 바로 그 자성을 지켜나가는 것이다. 이토록 뛰어난 가르침을 베풀어 지금 이 시대에까지 참선이 전해 내려올 수 있도록 만든 이가 바로 육조 혜능 스님이다.

저승사자는 어째서 스님을 보지 못했을까?

홍주 태안사의 주지는 경과 논을 강론하는 강사(座主)였는데 오직 마조 스님을 비방하기만 하였다. 어느 날 밤 삼경에 저승사자가 와서 문을 두드리니 주지가 물었다.

"누구시오?"

"저승사자인데 주지를 데리러 왔다."

"내가 이제 예순일곱인데, 40년 동안 경론을 강의하여 대중에게 공부하게 하였으나 말다툼만 일삼고 수행은 미처 하지 못했으니 하룻밤, 하룻낮만 말미를 주어 수행케 해 주시오."

"40년 동안 경론을 강의하기를 탐하면서도 수행하지 못했다면 이제사 다시 수행을 해서 무엇에 쓰겠는가? 한창 목마른데 우물을 파는 격(臨渴掘井)이니 무슨 소용이 있으랴?"

이상의 이야기는 마조 도일 스님의 어록인 『마조록』에 전해진다. 마조 스님의 스승은 남악 회양(677~744)이고, 남악 스님의 은사스님은 육조 혜능 스님이므로, 마조 스님은 곧 혜능 스님의 손제자뻘이 된다. 당시 마조 스님은 홍주 개원사에 계셨는데 태안사와 가까운 거리에 있었던 모양이다.

태안사의 주지는 40년 동안 경론을 강의하던 강사로 오직 마음 법만을 강조하던 마조 스님을 사뭇 비방하기만 하였다고 한다. 사실 가장 가까운 곳에 지내는 사람일수록 가장 큰 경쟁 상대가 되는 법이다. 따라서 강사였던 주지는 자신의 박학다식함을 자랑하며 은근히 마조 스님을 비하했을 수도 있었을 것이다.

하지만 어찌하랴. 저승사자의 방문 앞에서는 학식과 변재가 소용이 없음을. 예컨대 불교나 참선의 이치에 대하여 학문적으로 달통하거나 혹은 대단한 말재간을 갖고 있다 하더라도 생사일대사는 해결되지 않는다. 즉 이러한 학위나 말재간이 비록 생계에는 도움이 될지언정 생사에는 큰 영향을 끼치지 못한다고 하는 것이다.

어쨌든 태안사 주지는 저승사자의 갑작스런 방문을 받고서야 비로소 정신이 번쩍 들어, 다만 하루 동안이나마 말미를 얻고자 간청하고 있다. 말 그대로 임갈굴정(臨渴掘井), 즉 목마름에 다다라서야 우물을 파는 격이 되었다.

이것은 결코 남의 이야기가 아니다. 강 건너 불로 볼 수 없는 현실이다. 강사가 되었든, 주지가 되었든 혹은 수좌나 재가신자를 막론하고 누구든지 깊이 헤아려 볼 필요가 있을 것이다. 자신에게 돌연이와 같은 상황이 닥친다면 어떻게 처신할 것인지, 또한 자신의 현재 수행 방법이 올바른 것인지 말이다.

그나마 이 정도라도 정신을 차려 하루 동안의 말미를 구할 수 있었던 것도 40년 동안 공부했기 때문이라고나 할까? 저승사자는 이러한 요청에 대하여 장황한 훈계조의 언설을 피력한 후 다음과 같이 말을 잇고 있다.

"그런데 그대는 40년 동안 구업(口業)을 지었으니, 지옥에 들지 않으면 어쩌겠는가? 또 옛날부터 경전에 분명한 글이 있다. 즉 말로써 모든 법을 말씀하여도 실상(實相)을 나타내지 못한다 하였는데 그대는 망상으로 입을 놀려 어지러이 말했다. 그러므로 반드시 죄를 받아야 하니, 다만 자신을 탓할지언정 남을 원망치는 말라. 지금 어서 빨리 가자. 만일 늦으면 저 왕께서 나를 꾸짖을 것이다."

그러자 둘째 사자가 말했다.

"저 왕께서 벌써 이런 사실을 아실 터이니, 이 사람에게 수행케 해 준들 무방하지 않겠는가?"

첫째 사자가 말했다.

"그렇다면 하루쯤 수행하도록 놓아 주겠소. 우리가 돌아가서 왕에게 사뢰어 허락해 주시면 내일 다시 오겠고, 만일 허락치 않으시면 잠시 뒤에 다시 오겠소."

사자들이 물러간 뒤에 주지가 이 일을 생각했다.

"저승사자는 허락했으나 나는 하루 동안 어떤 수행을 해야 하는가?"

아무 대책도 없었다. 날이 밝기를 기다릴 겨를도 없이 개원사로 달려가서 문을 두드리니 문지기가 말했다.

"누구시오?"

"태안사 주지인데 스님께 문안을 드리러 왔소."

문지기가 문을 열어 주니 주지는 곧 마조 스님께로 가서 앞의 일을 자세히 말씀드리고 온몸을 땅에 던져 절을 한 뒤에 말했다.

"죽음이 닥쳐왔는데 어찌해야 되겠습니까? 바라옵건대 스님께서 저의 남은 목숨을 자비로써 구제해 주십시오."

마조 스님은 그를 곁에 서 있게 하였다. 날이 새자 저승사자는 태안사로 가서 주지를 찾았으나 찾지 못하고 다시 개원사로 와서 주지를 찾았으나 찾지 못했다. 이때 마조 스님과 주지는 사자를 보았으나 사자는 스님과 주지를 보지 못했다.

'나는 하루 동안 어떤 수행을 해야 하는가?'

이는 실로 중대한 문제이다. 과거 40년 동안의 공부가 물거품이 되어 버린 마당에 겨우 하루 동안의 말미를 얻어내긴 하였지만 과연 어떤 수행을 해야 하는가?

우리도 함께 되짚어볼 만한 질문이 아닐 수 없다. 지금까지의 수행을 통해 얼마만 한 힘을 얻었는지, 내지는 앞으로의 전망에 대한 확신은 서 있는지. 이러한 스스로의 질문에 떳떳이 대답할 수 있다면 다행이겠으나 그렇지 않다면 지금이라도 얼른 마조 스님의 곁에 서 있어야 할 것이다. 저승사자의 눈에 띄지 않도록.

하지만 지금 마조 스님은 안 계시다. 그러나 다행히도 그 가르침은 남아 전하고 있다. 따라서 남겨진 가르침의 언저리라도 이해하고 실천코자 애쓰는 것으로서 마조 스님의 곁에 설 수 있는 것이 아닐까?

깨달음은 태초에 완성되어 있다

깨달음은 태초에 이미 완성되어 있다. 어찌 닦아서 만들 수 있으랴. 닦아서 이루어지는 깨달음은 진정한 깨달음이 아니다. 그러므로 닦는다는 것은 닦을 것이 없음을 알기 위함이며, 깨닫는다는 것은 깨달을 것이 없음을 깨치는 것이다.

번뇌는 본래 공한 것이며, 존재하는 모든 것은 불성의 드러남이다. 있는 것은 오직 불성뿐! 이렇게 보자면 오온, 육근, 십이처, 십팔계가 그대로 불성이다. 불성은 크고 밝고 충만하다. 그러므로 나는 본래 크고 밝고 충만하다. 시시때때로 일어나고 사라지는 번뇌는 다만 크고 밝고 충만한 본심을 일깨워 주는 방편에 불과하다. 작고 어둡고 결핍된 몸과 마음을 통해서 크고 밝고 충만한 성품을 실감할 수 있기 때문이다. 그러기 위해서 필요한 것은 대면 관찰이다.

걸어가면 걸어간다고 관찰한다. 머무르면 머무른다고 관찰한다. 앉아 있으면 앉아 있다고 관찰한다. 누워 있으면 누워 있다고 관찰한다. 태어나면 태어났다고 관찰한다. 늙어 가면 늙어 간다고 관찰한다. 병이 들면 병들었다고 관찰한다. 죽어 가면 죽어 간다고 관찰한다.

즐거운 느낌, 괴로운 느낌, 무덤덤한 느낌이 일어나면 즐거운 느낌, 괴로운 느낌, 무덤덤한 느낌이 일어난다고 관찰한다.

탐욕심이 일어나면 탐욕심이 일어난다고 관찰한다. 분노심이 일어나면 분노심이 일어난다고 관찰한다. 시기심과 질투심이 일어나면 시기심과 질투심이 일어난다고 관찰한다. 근심 걱정이 일어나면 근심 걱정이 일어난다고 관찰한다.

눈은 무상하다. 무상한 것은 괴로움이요, 괴로움은 '나'가 아니라고 관찰한다. 이와 마찬가지로 귀, 코, 혀, 몸, 뜻도 '나'가 아니라고 관찰한다. 결국 육근의 무더기가 '나'가 아니라고 관찰한다.

대면 관찰을 통해 얻을 수 있는 가장 큰 효능은 번뇌의 소멸과 관찰자 체험이다. 몸과 마음을 대면 관찰하니 고통이 사라지거나 누그러진다. 분리 효과 때문이다. 그리고 관찰자의 입장에 서게 된다. 이 관찰자야말로 불생불멸 불구부정 부증불감인 성품인 것이다. 모든 존재 변화하여 일어나고 사라지나 관찰자는 여여부동 늙고 죽음 초월한다.

본래 해탈인 것이다. 우하하하하하!

오직 앉아 있을 뿐

선승이 탁월케 되는 첫째 마음 씀은 오직 앉아 있을 뿐(只管打坐)에 있다. 근기가 둔하고 날카로움 혹은 현명하거나 어리석음을 막론하고 좌선을 하면 자연히 탁월하게 되는 것이다.

- 『정법안장(正法眼藏)』

'오직 앉아 있을 뿐'.

이 말은 대단히 중요하다. 그것은 일체의 다른 생각이나 다른 행위 없이 다만 좌선에 몰두해서 '몸도 탈락, 마음도 탈락'함을 의미한다. 바로 지금 여기에서의 한 가지 일, 한 가지 행위에 전력투구함을 뜻한다.

여기에는 작불(作佛), 즉 부처가 되는 것을 목적으로 하지 않으며, 행불(行佛), 즉 수행의 모습 그대로가 부처라고 하는 깊은 뜻이 담겨 있다. 좌선 자체가 부처의 몸, 부처의 경계이므로, 좌불(坐佛), 즉 좌선하는 부처는 다시 작불을 하지 않는다는 것이다.

이것은 중생의 좌선, 즉 부처가 되고자 하는 좌선이 아니라 부처의 좌선, 즉 부처님 성도 이후의 좌선을 연습하는 것이다. 행위가 다만 목적을 향한 수단일 뿐만 아니라, 행위 자체로서 목적이 될 수도 있다는 것이다. 그러므로 좌선은 깨달음을 위한 수단이 아니고, 좌선 그 자체가 부처로서 완성된 행위이다. 다시 말해 수행 그 자체가 깨달음이라고 하는 것이다. 비유컨대 오늘은 내일을 위하여 있는 것이 아니고, 오늘은 오늘로써 절대적이다. 나아가 이러한 지관타좌(只管打坐)의 특색은 명백히 '몸의 좌(坐)'라는 점에 있다.

> 도를 깨닫는 것은 마음으로써 깨닫는가, 몸으로써 깨닫는가? 교가(敎家) 등에서도 신심일여(身心一如)라고 하여 몸으로써 얻는다고는 하지만 역시 일여(一如)이기 때문이라고 말한다. 그러므로 바로 몸으로써 얻는 것이 확실하지가 않다. 이제 나의 집안에서는 몸과 마음이 동시에 깨닫는다 한다. 그중에서도 마음으로써 불법을 계교하는 한 만겁천생에도 깨닫지 못한다. 마음을 내려놓아서 지식적 알음알이를 버리는 때에 깨닫게 된다. 사물을 보고 마음을 밝히거나 소리를 듣고 도를 깨치는 등의 것도 역시 몸의 깨달음이다. 그러므로 마음의 생각과 지견을 모두 버리고 지관타좌한다면 도는 친히 깨닫게 된다. 따라서 도를 깨닫는 것은 틀림없이 몸으로써 깨달음이다. 이리하여 좌(坐)를 오로지 해야 한다고 깨우쳐 권하는 것이다.
>
> -『정법안장』

몸으로써 깨닫는다는 것은 무척 중요하다. 수행을 한다는 것은 자신을 변화시키는 것이다. 변화시키기 위해서는 고정관념이나 선입견을 철저히 놓아 버리지 않으면 안 되는 것이다. 수행이니 깨달음이니 자기의 입장에서 이것저것 사색하여 모든 사물의 진실을 밝히려 드는 것이야말로 미혹과 다를 바가 아니며, 일체의 진실이 스스로 명확하게 드러나 있는 것이 깨달음인 것이다.

일체중생이 불성이다

세존께서 말씀하신 일체중생은 모두 불성을 갖추고 있다(一切衆生
悉有佛性)는 말의 참뜻은 어떠한 것인가? 그것은 이름 지을 수 없는
그 무엇이 분명하게 현전하고 있다는 것이다. 어느 때는 중생이라
부르고, 어느 때는 유정(有情)이라고 하며, 어느 때는 온갖 생물, 어
느 때는 온갖 생류(生類)라고 하는 것이 모두 중생이며 일체 존재이
다.

다시 말해서 온갖 존재(悉有)가 불성이며, 그 온갖 존재의 한 온갖
(一悉)을 중생이라 한다.

– 『정법안장』

『열반경』의 핵심 사상은 일체중생은 모두 불성을 갖추고 있다는 것
이다. 그런데 『정법안장』의 저자이며 일본 조동종의 개조인 도원 선
사(1200~1253)는 이를 '일체는 곧 중생이며, 온갖 존재로서, 불성이
다'라고 끊어 해석하고 있다.

첫째로 '일체는 중생'이라는 것은 일체는 살아 있다는 의미이
다. 통례로 '살아 있다'고 하면 동물만을 살아 있다고 생각하고 초목
이나 산하 등은 살아 있는 것이 아니라고 생각한다. 하지만 사실 동

물뿐만이 아니라 풀도, 나무도, 산도, 강도 모두가 살아 있는 것이다. 즉 중생이란 생생하게 살아 있는 것이며, 그 위에 그것이 불성이 되는 것이기 때문에 부처의 생명을 살고 있는 것이다. 산하대지가 모두 불성의 바다인 것이다.

그러므로 통상 '불살생계(不殺生戒)'라고 하면 살아 있는 생명을 죽여선 안 된다는 의미로 해석하지만, 참된 의미는 부처의 씨앗을 증장한다는 뜻이다. 부처의 씨앗을 증장시킨다고 하면 사람들 가운데에 내재하고 있는 불성을 끌어내어 그것을 더욱 크게 생장시키는 것으로 생각하기 쉽다. 하지만 불성이라는 드러나 있는 일체의 것이 살아 있는 것이며, 부처의 생명을 살고 있는 것이기 때문에 부처의 씨앗을 증장시킨다는 것은 온갖 사물, 풀과 나무, 산과 강의 생명과 하나가 되어 인간 자신이 이들 생명과 함께 사는 것이다. 눈을 맑게 하면 풀도, 나무도 진리의 자태를 열어 보이고, 귀를 맑게 하면 산도, 강도 진리의 소리를 노래하고 있는 이 같은 경지에 이른 때에 비로소 한 포기 풀, 하나의 사물의 진실이 분명하게 되는 것이다. 그것이 하나의 사물을 깨닫는 것이며, 한 포기 풀을 깨닫는 것이다.

둘째로 '일체는 온갖 존재(悉有)'라 함은 전 세계에 감추어진 것은 아무것도 없다는 뜻이다. 다시 말해 전 세계의 모든 것이 지금 여기에 현전하고 있다는 것이다.

일체는 드러나 있으며 어느 것 하나 감추어진 것은 없다. 그러므로 불성을 미래에서 찾을 것이 아니라 도처에 나타난 데서 찾아야 하는 것이다.

상식적으로는 시간과 존재를 별개의 것으로 보고 있지만 사실 존재는 곧 시간이다. 시간과 자신은 하나이기도 하다. 어느 한 순간이 단지 이동해 가는 한 순간의 모습이 아니고, 시간을 초월한 '영원의 지금'이라는 뜻이다. 예컨대 산에 오르는 때 현성하고 있는 것은 산뿐이며, 전 세계는 지금의 산에 다하고 있어서 전 시간은 등산하는 지금에 다하고 있는 것이다. 또한 강을 건너는 때에 현성하고 있는 것은 강뿐이어서 전 세계는 지금의 강에 다하고 있으며, 전 시간은 도하하고 있는 지금에 다하고 있는 것이다.

이와 같은 입장은 생사에 있어서도 마찬가지이다. 삶도 일시의 모습이며, 죽음도 일시의 모습이다. 이를테면 겨울, 봄과 같은 것이다. 사람들은 겨울 그 자체가 변한다고는 생각하지 않으며, 봄 그 자체가 여름이 된다고는 말하지 않는다. 이와 마찬가지로 삶으로부터 죽음으로 움직여 변한다고 생각하는 것은 잘못이다. 삶이라고 하면 완전히 삶이 되어 있어 처음부터 끝까지 삶이다. 죽음도 마찬가지이다. 그러므로 삶이 오면 다만 삶에 마주하고, 죽음이 오면 죽음에 향할 따름이며, 삶과 죽음을 내 것으로 하려 해서도, 원해서도 안 되는 것이다.

생사라 하는 것은 인간의 극한 상황이지만 모든 것은 시시각각 흘러가고 있는 것이며, 이러한 의미에서 모든 것은 시시각각 태어나고 죽어 가는 것이다.

인간도 이러한 만물의 일원으로서 시시각각 태어나고 죽어 간다. 하루의 밤낮을 나누어 보면 64억 9만 9,980의 찰나가 있어서 오온이 모두 생멸하는 것이다. 그렇다 해도 범부는 일찍이 알아차리지 못하고, 그렇기 때문에 보리심을 일으키지 못하는 것이다. 그러므로 불법을 알지 못하고, 불법을 믿지 못하는 자는 찰나생멸의 도리를 믿지 않게 되는 것이다.

셋째로 '온갖 존재는 불성'이라고 하는 것은 현상세계의 무상 교류의 모습이 그대로 불성이라는 것이다.

> 초목의 무상(無常)함이 곧 불성이다. 사람의 몸과 마음의 무상함이 또한 불성이다. 국토산하가 무상함은 곧 불성인 까닭이다. 최상의 깨달음인 아뇩다라삼먁삼보리 또한 불성인 까닭에 무상이다. 대반 열반 또한 무상인 까닭에 불성이다.
>
> ─『정법안장』

이처럼 현상세계의 무상한 모습이 그대로 절대적 의의가 있는 것이어서 사람들이 찾고 있는 진리라는 것은 사실 모두가 경험하고 있는 현실세계 그 자체와 다름없다. 온갖 것 하나하나 일상생활 전부가 지혜의 드러남, 진리 자체의 체험이라는 것이다.

이러한 입장은 허공 꽃(空華)이나 그림의 떡(畵餠)에서 잘 드러난다. 즉 일체는 나타났다가 사라지는 허공 꽃이며, 사라졌다가 나타나는 그림의 떡이어서 실체가 있는 것은 하나도 없지만 일시적 모습 외에 따로 영원이란 없는 것처럼 거짓된 모습 외에 따로 진실은 없다.

진실은 이미 현재에, 이 허공 꽃 가운데에 남김없이 드러나 있는 것이다. 병든 눈에 비치고 있는 허공 꽃은 일시적 모습이며 거짓된 모습이지만, 일시적 모습이며 거짓된 모습인 이 허공 꽃 외에 진실의 모습은 어디에도 없다는 것이다. 진실은 현재 이 허망한 현실에 아낌없이 드러나 있다. 이 허망한 현실을 벗어나서 어디에 진실의 도가 있겠는가?

아울러 일체의 세계, 일체의 사물은 모두 그림의 떡이기 때문에 인간이 체험하고 있는 진리는 그림으로 나타나고, 부처는 그림에서 생겨난다. 따라서 그림에 그려진 떡이 아니면 허기를 채워 주는 약이 없다. 결국 일체의 중생이 그대로 불성이며, 일체의 불성이 그대로 일체의 중생인 것이다.

생명을 생기 있게

마곡산의 보철 선사가 어느 때 부채를 부치고 있었다. 거기에 어떤 스님이 와서 물었다.

"바람의 본질은 변하지 않고, 두루 작용하지 않는 곳이 없거늘 어째서 당신은 부채를 부치고 있습니까?"

그러자 선사가 대답했다.

"자네는 바람의 본질이 변하지 않는다는 것은 알고 있지만, 그것이 두루 미치지 않는 곳이 없다고 하는 말의 올바른 의미를 알지 못하고 있군."

"그렇다면 그것은 어떤 것입니까?"

선사는 묵묵히 부채를 부치고 있을 따름이었다.

스님은 깊이 감격하여 예배했다.

　－『정법안장』

앞서 말한 바와 같이 모든 사물의 진실은 지금 여기에 남김없이 드러나 있다. 그렇다면 지금 자신이 있는 곳에서 정신 차리면 저절로 수행이 가능하고 진리가 실현되는 것이다. 이것은 마치 넓게 행동할 필요가 있으면 널리 행하고, 좁게 나아갈 필요가 있으면 좁게 나아가는 새나 물고기처럼 지금 자신이 나아갈 길에 정신 차리면 저절로 수행이 가능하며 진리가 실현되는 것이다.

그렇지만 깨달음이 반드시 지식이 되어 논리적으로 이해되어서는 한이 없다. 즉 깨달음이란 표면적 이해를 초월해 있는 것이기 때문에 깨달음의 궁극이란 수행에 의하여 즉각 체험되는 것이지만 그것을 이해하기 위해 마음을 써서는 한이 없는 것이다.

다시 말해서 바람의 본질은 변하지 않기 때문에 부채를 부치지 않아도 된다. 부채를 부치지 않더라도 바람을 느끼는 것이 가능하다고 한다면 바람의 본질을 알지 못하는 것이고, 또한 그 본질이 변하지 않는다고 하는 것도 알지 못하는 것이다.

이것이야말로 바로 일체의 사물 그대로가 진리 그 자체요, 일체 중생 그대로가 불성 그 자체임에도 불구하고, 발심하고 수행하여 깨달음을 얻는 궁극적 이유인 것이다. 여기에 진리를 실현하는 경지가 있으며, 진리를 실현하는 길이 있는 것이다. 그러므로 불도(佛道)의 궁극은 '생명을 생기 있게' 만드는 것이다. 한 가지 일, 한 가지 행동에 투철함으로써 지금 여기에서 우리의 생명을 실현시키는 생동이야말로 불도의 궁극인 것이다. 참으로 생동한다는 것은 어떠한 것일까?

생동한다고 하는 것은 사람이 배에 오르는 것과 같은 것이다. 내가 돛을 써서 내가 키를 잡고 삿대질하고 있다고 하더라도 배가 나를 태우며 배 외에 나는 없다. 내가 배에 오르는 것에 의하여 그 배를 배라고 하고 있다. (…중략…) 이처럼 생명은 내가 생기게 하는 것이다. 나를 생명이 되어 있는 나라고 하는 것이다.

내가 배에 오르면 나의 심신 및 그 주변의 모든 것이 배의 세계가 되고, 대지의 전체, 허공의 전부가 배의 세계가 되는 것이다. 내가 생(生)과 일체이고, 생이 나와 일체라고 하는 것은 이와 같은 것이다.

- 『정법안장』

그렇다면 지금 여기의 이 한 가지 일, 한 가지 행동에 전신으로써 완전히 뛰어드는 것이야말로 진리의 체험이다. 한 가지 일, 한 가지 행동을 통해서 자아가 완전히 소멸되어 절대의 진리와 하나가 되는 것이다.

자기 자신의 입장이나 능력 범위 내에서 이것저것 사색하여 진리를 알고자 해서는 안 된다. 즉 모든 사물의 진실을 알기 위해서는 바다와 산이 둥글다든가 사각이라든가 보이는 것 이외에, 그 밖의 자태가 끝없이 무한하다는 것을 알아야 한다. 또한 자신의 주위 환경뿐만 아니라 자기 자신 속에도 무한한 세계가 있다는 것을 알아야 한다.

그렇기 때문에 만법이 스스로 나아가서 자기를 닦고 깨치는 입장과 하나가 되기 위해서는 자기를 나아가서 만법을 닦고 깨치는 자기의 전환을 개입시키지 않으면 안 되는 것이다. 이러한 자기의 전환을 가능케 하는 자아 소멸의 도로써 좌선을 권장하는 것이다.

불도를 배운다고 하는 것은 자기(自己)를 배우는 것이다.

자기를 배운다고 하는 것은 자기를 잊는 것이다.

자기를 잊는다고 하는 것은 모든 사물이 스스로 명확하게 되는 것이다.

몸도 탈락하고 마음도 탈락하는 것이다.

– 『정법안장』

완벽한 스님

말 그대로 완벽한 스님이 있다. 불교의 삼학이라고 하는 계율과 선정 그리고 지혜를 완벽히 갖추었기 때문이다. 먼저 계율을 지킴에 있어서는 한 치의 어긋남도 없어서 여인을 가까이하지 않음은 물론 술을 마신다거나 도박에 손을 대는 일은 결코 없다. 또한 소소한 계율까지도 위반되는 행동은 절대 하지 않는다. 돈에 대한 욕심도 전혀 없다.

선정을 닦음에 있어서는 타의 추종을 불허한다. 한번 좌선을 시작하면 몇 시간, 아니 며칠이나 몇 달도 끄떡없이 앉아 있을 수 있다. 심지어 밥도 먹지 않고, 잠도 자지 않으며, 일체의 잡념도 일으키지 않는다. 어떠한 상황에서도 마음이 동요되지 않기 때문이다.

지혜 또한 출중하기 짝이 없다. 팔만대장경을 모조리 외울 수 있으며 세계 각국의 언어로 설법이 가능하다. 다양한 경우에 적합한 답변을 이미 모두 알고 있기 때문에 어떤 질문에든 곧바로 즉답할 수 있다.

이 스님은 누구일까? 다만 상상 속 인물에 불과하다고 말할 수도 있겠지만 현실화될 날이 머지않았다. 그것은 바로 제4차 산업혁명시대에 나타날 수 있는 인공지능 로봇 스님이다. 최첨단 컴퓨터와 인터넷 기능이 갖추어진 인공지능이 내장되어 있기 때문에 온갖 지식과 정보를 모두 갖추고 있으며 실시간으로 검색도 할 수 있다. 또한 단 한 번의 에너지 충전으로 1년 365일 미동조차 하지 않고 좌선하는 용맹정진이 가능하다. 아울러 입력된 준수 사항에 100퍼센트 충실하게 반응하며, 감정을 통제하지 못해서 계율을 어기는 일은 결코 발생하지 않을 것이다.

그렇다면 이런 스님이 진정 완벽한 스님일까? 아니, 나는 이런 스님이 되고자 노력하고 있는 것은 아닐까? 다만 계율 지키기에 급급하여 보살행은 뒷전이 되거나, 오래 앉아 꼼짝 않고 있는 것이 참선의 궁극인 양 생각하거나, 지식과 정보를 수집하고 전달하는 것이 대단한 공부라고 여기고 있는 것은 아닐까?

만약 그렇다면 결국 나의 목표가 인공지능 로봇 스님이 되는 것이라고? 생각만 해도 끔찍한 일이다. 그것은 결코 바람직하지 않을 것이다. 그럼 어떤 스님이 되어야 할까?

이를 알기 위해서는 역으로 인공지능 로봇 스님이 갖추기 힘든 점이 과연 무엇인지 알아야 한다. 로봇 스님이 갖추기 어려운 것은 무엇일까?

일단 계율에 있어서는 '개차(開遮)법'이 있을 것이다. 개차법이란 상황에 따라서 계율을 지키지 않을 수도 있다는 것이다. 예컨대 세속오계의 '살생유택(殺生有擇)' 같은 경우이다. 불가(佛家)에서는 일단 불살생을 최고의 덕목으로 여기지만 경우에 따라서는 살생해도 무방하다고 한다. 조선시대 서산대사의 의승군(義僧軍)도 이러한 차원에서 만들어졌다. 실제로 보살행을 실천하면서 소소한 계율까지 철저히 지키기란 거의 불가능하다.

또한 선정에 있어서 로봇 스님이 '염화미소(拈花微笑)'를 따라 하기는 쉽지 않을 것이다. 세존께서 꽃을 들자 마하가섭이 미소를 지었다는 이심전심(以心傳心)의 사례는 논리를 초월한다. 0과 1의 조합에 의한 논리에 바탕하고 있는 인공지능으로서는 상상조차 힘든 부분이 아닐까? 설령 인공지능 로봇 스님이 미소를 띨 수 있게 만들었다 하더라도 왠지 로봇 스님의 미소는 섬뜩하게 여겨진다.

마지막으로 지식과 정보에 있어서 결코 인공지능 로봇 스님을 따라잡을 수는 없다. 그렇다면 자비를 계발하는 것이 오히려 필요하다. 내 말에 순종하는 사람을 사랑하는 자심(慈心)은 로봇 스님에게도 가능할 수 있다. 하지만 내 말에 거역하고 나를 해코지하는 사람까지도 사랑하는 비심(悲心)은 기대하기 어렵다. 결국 대비심을 계발하는 것이 현명한 선택이다.

이 대목에서 『선문염송』의 「파자소암」 화두가 떠오른다.

신심이 돈독한 노파가 있었다. 한 수행자에게 초막을 지어드리고 20년을 한결같이 공양 올렸다. 오직 수행에만 전념해 온 스님에게 어느 날 자신의 젊은 딸을 보내어 꼭 끌어안으며 묻도록 하였다.

"이럴 때 어떠하십니까?"

스님은 답했다.

"마른 나무가 찬 바위에 기댔으니 삼동(三冬)에 따사로운 기운이 없도다."

딸이 돌아와서 노파에게 이야기를 전하니 노파가 말했다.

"내가 20년 동안 겨우 속한(俗漢)을 공양했구나."

그러고는 벌떡 일어나서 암자를 불 질러 버렸다.

그 스님은 어떤 대답을 해야 했을까?

제3부

마음공부의
다섯 단계

마음 그릇에 대하여

불교에는 다양한 수행법이 공존하고 있다. 저마다 보석같이 귀한 가르침이지만 때로는 서로가 부딪치기도 한다. 참선하는 이는 기도하는 이를 우습게 여기기도 하고, 독경하는 이는 참선하는 이를 이해하지 못하기도 한다. 또한 불교 입문자들은 문턱에서 갈피를 잡기 힘든 경우가 많다. 이러한 일들의 주요한 원인은 수행상의 체계가 서 있지 않기 때문이다.

그렇다면 올바른 마음공부를 위한 체계란 무엇일까? 그리고 우리 각자의 마음공부는 어느 수준에 와 있는 것일까?

우리는 흔히 '저 사람은 그릇이 크다'라든가 '그릇이 작다'는 등의 말을 많이 쓴다. 사람의 마음을 '그릇'에 비유해서 쓰는 말이다. 마음 도량이 넉넉한 사람은 그릇이 크다 하고, 그렇지 못한 사람은 그릇이 작다고 비유한다.

정치인들이 자주 쓰는 말 가운데 이런 말도 있다.

"마음을 비우겠습니다."

마음을 비운다는 것, 이는 일체의 사심 없이 공명정대하게 매사에 임하겠다는 의미이다. 역시 마음을 하나의 그릇에 비유한 표현이라 할 수 있다.

이렇듯 사람들은 저마다의 마음 그릇을 가지고 있다. 이는 일종의 자기 한계로서 스스로에 대한 스스로의 규정이다.

불가에서도 이런 표현은 발견된다. 예컨대 하동에 위치한 쌍계사 일주문의 주련에는 다음과 같은 글이 적혀 있다.

入此門內 莫存知解
無解空器 大道充滿

이 문 안에 들어서면 알음알이를 갖지 말라.
알음알이가 없는 빈 그릇에 큰 도가 충만하리라.

'알음알이'란 기존의 고정관념, 선입견 등을 말한다. 각자의 마음 그릇에 고정관념이나 선입견, 즉 알음알이가 그득하다면 진리가 들어설 자리가 없다. 마음 그릇을 비워야만 참다운 도(道)가 충만하게 되는 것이다.

앞으로 이야기할 마음공부의 다섯 단계는 이러한 마음 그릇에 비유한 과정이다.

1. 그릇 비우기 - 참회(懺悔)를 통한 자기 정화
2. 그릇 채우기 - 발원(發願)을 통한 자기 전환
3. 그릇 키우기 - 기도(祈禱)를 통한 자기 확장
4. 그릇 없애기 - 참선(參禪)을 통한 자기 확인
5. 그릇 만들기 - 행불(行佛)을 통한 자기 창조

이 다섯 단계 가운데 참회와 발원은 본격적인 마음공부를 위한 준비 단계라 할 수 있다. 나아가 기도는 일심(一心) 공부이며, 참선은 무심(無心) 공부, 그리고 행불은 발심(發心) 공부에 해당한다.

마지막 단계인 행불이란 수행불행(修行佛行)을 말한다. 부처의 행(行)을 수행한다는 것은 무심에 바탕을 둔 보살행, 즉 진공묘유(眞空妙有)를 뜻한다.

모든 존재는 변화한다. 그 안에 고정불변의 실체는 없다. 변화하는 현상으로써 작용할 뿐! 그러므로 항상 바로 지금 여기에서 나의 행위가 나를 결정짓는다고 하는 것이다.

행불!
나는 내가 창조합니다.
지금 이 모습도 나의 작품일 뿐!
부처의 행,
그것은 머무르지 않는 삶이며,
바로 지금 여기에서 더불어 생동하는 삶입니다.

이른바 '그릇 이론'은 지금 우리 불교에서 실행되고 있는 다양한 수행법을 체계적으로 엮은 것이기도 하다.

이 단계를 통해 우리는 자신의 마음 그릇을 점검하고, 부족한 점을 알아차리며, 그다음 단계를 차근히 밟아 나감으로써 각자의 그릇에 참다운 도를 채울 수 있다.

그릇 비우기 - 참회를 통한 자기 정화

마음공부의 첫걸음은 '그릇 비우기'이다. 예컨대 그릇에 어떠한 물건이 이미 가득 채워져 있다면 더 이상 아무것도 담을 수 없다. 이처럼 나의 마음속에 이미 고정관념이 가득하다면 아무리 좋은 가르침도 채울 수가 없다. 마음 그릇을 비우는 것이야말로 자기 발전의 첫 단계인 것이다.

그렇다면 마음 그릇을 어떻게 비울 수 있을까?

불가에서 전통적으로 마음 그릇을 비우는 방법은 '참회(懺悔)'이다. 참회란 스스로의 잘못을 인정하고 다시 그러한 과오를 되풀이하지 않겠다고 다짐하는 것이다. 그렇다고 해서 스스로를 죄인시하는 것은 아니다.

이조 혜가 대사에게 삼조가 물었다.

"제자는 몸에 풍병이 걸렸으니, 화상께서 참회해 주옵소서."

이조가 말했다.

"죄를 가져오너라. 참회해 주리라."

삼조가 양구하다가 다시 말하였다.

"죄를 찾아도 찾을 수 없습니다."

이조가 말하였다.

"그대의 죄는 다 참회되었으니, 불·법·승에 의지해서 살라." ■1

– 『선문염송』

여기에서 '풍병'이란 문둥병을 말한다. 문둥병에 걸린 삼조 승찬 스님은 자신의 죄업이 막중하다고 생각하여, 이조 혜가 대사에게 참회를 요청한 것이었다.

하지만 혜가 대사의 답변은 의외였다. 죄를 가져오라고? 스스로 죄 많은 중생이라 생각하던 승찬 스님은 자기 죄를 찾아보았다. 그러나 죄의 성품은 안팎이나 중간에도 찾을 수가 없었다. 결국 찾아보아도 내놓을 죄가 없었으니 더 이상 죄의식에 얽매여 지낼 필요가 없었다.

죄는 본래 없다. 죄의식이 있을 뿐. 그렇다면 죄의식은 어디서 온 것일까? 『천수경』에서는 다음과 같이 말하고 있다.

백 겁 동안 쌓인 죄가(百劫積集罪)
한 생각에 사라졌네(一念頓蕩盡).
마른 풀에 불붙듯이(如火焚枯草)
깡그리 다 타 버렸네(滅盡無有餘).

죄에는 자성 없어 마음 따라 일어나니(罪無自性從心起)
마음 만약 소멸하면 죄업 또한 사라지네(心若滅時罪亦亡).
죄도 없고 마음 멸해 둘이 함께 공해지면(罪亡心滅兩俱空)

이것이 이름하여 진정한 참회라네(是即名爲眞懺悔).

- 『천수경』

결국 진정한 참회는 스스로 죄의식을 갖는 것이 아니다. 오히려 죄의식에서 벗어나는 것이다. 아울러 자기 마음속에 어떤 것들이 깃들어 있는지를 자각하게 되는 것이다.

조건도, 분별도 없는 참회

이렇게 하여 한 생각으로 단박에 몸과 마음이 가벼워진다면 다행이지만 그렇지 않다면 다시 참회 방편에 의지하지 않을 수 없다. 이것은 번뇌의 실체를 임시로 인정해 주고 충분히 해탈시켜 내보내는 방법이다.

구체적으로 무엇을 어떻게 참회할 것인가? 참회는 자기 성품 속에서 '죄의 반연(絆緣)'을 없애는 것이다.[2] 죄의 반연이란 삼독, 즉 탐욕과 성냄, 그리고 어리석음의 나쁜 인연을 가리킨다. 따라서 이러한 생각들을 하나씩 떠올려 인정하고 내보내도록 한다. 내보내기 위한 좋은 방법은 부처님께 맡기는 것이다.

바로 지금 이 순간부터 과거로 거슬러 올라가며 욕심을 부리고, 성내고, 어리석었던 일의 순서대로 참회한다. 부처님이 바로 앞에 계시다고 가정하고, 마치 할아버지와 대화하듯이 "부처님, 이러저러하게 욕심을 내었습니다. 앞으로는 안 그러겠습니다." 하는 것이다.

이때 중요한 건 '무조건적인 참회'여야 한다는 것이다. 조건부 참회는 의미가 없다. 고정관념을 버리는 것이 아니라 고정관념 안에서 하는 것이기 때문이다. 예컨대 길을 걷다가 느닷없이 앞사람에게서 뺨을 얻어맞았다고 하자. 그리고 화를 내었다면 나에겐 아무런 잘못이 없다 하더라도 참회해야 한다. 상대방에게 참회하는 것이 아니라 스스로의 자성에 불을 당긴 것을 참회하는 것이다.

어리석음 가운데 가장 어리석은 것은 '나만 잘났다'는 생각이다. 남의 험담하는 것도 결국 '나 잘났다'는 생각이 밑바탕에 깔려 있다. '이것이 있으므로 저것이 있고, 저것이 있으므로 이것이 있다'라는 인과법(因果法)을 철저히 믿지 않아 안달하거나 초조해하는 것도 어리석음이다.

결국 생각나는 것은 모두 참회 거리라고 보는 것이 옳다. 잘못을 참회하는 것은 당연하겠지만 잘한 일까지도 모두 참회하라는 것은 무엇 때문일까? 그 잘잘못을 따지는 것 자체가 이미 분별심(分別心)이다. 또한 잘했다는 사실이 자신의 기억 속에 존재함은 이미 자성에 파장을 일으켰다는 반증이다. 흰 구름이든 먹구름이든 하늘을 가리긴 마찬가지이다.

있는 그대로의 자신을 사랑하는 법

이런 식으로 꾸준히 참회를 하다 보면 몸과 마음이 한없이 가벼워짐을 느끼게 된다. 마음 그릇에 담겨 있던 온갖 분별의식이 비워지기 때문이다. 내 마음이 밝고 가벼워지니 세상이 온통 밝고 아름답게 보인다. 환희심이 솟아난다.

어떤 사람은 참회하기 전 자신이 주위 사람들을 용서해 주어야 한다고 생각해 왔는데, 알고 보니 진정 용서받아야 할 사람은 자신이란 걸 깨닫게 되었다고 한다.

이처럼 자신을 돌아보는 것이야말로 수행의 첫걸음이다. 자기를 돌아봄이 잘 안 된다면 그만큼 아상이 강한 것이다. 남의 눈 속의 티는 잘 보면서 자기 눈 속의 대들보는 보지 못하는 것이다. 부처님께 있는 그대로의 자신을 드러내다 보면 비로소 진정한 자신에 눈뜨기 시작한다. 잘났으면 잘난 대로 못났으면 못난 대로, 있는 그대로의 자신을 흠뻑 사랑하게 되는 것, 이것이야말로 진정한 참회를 통해 얻게 되는 귀중한 결실이다.

완전한 존재가 되기를 기다렸다가 자신을 사랑하려 한다면 인생을 낭비하게 된다. 바로 지금 여기에서 '있는 그대로의 내 모습'을 인정하고 사랑할 수 없다면 언제 어디서 '있는 그대로의 내 모습'을 사랑할 수 있을까?

그릇 채우기 - 발원을 통한 자기 전환

참회를 통하여 마음 그릇이 비워진 후에는 '발원(發願)'이 필요하다. 일시적인 참회를 통하여 마음 그릇이 잠시 비워졌다 해도 오랜 세월의 습관적 기운, 즉 알음알이가 다시금 각자의 마음 그릇을 차지하지 않는 것은 아니다. 얼마 못 가 예전처럼 되돌아가기가 쉬운 것이다. 그러므로 빈 그릇에 일시적으로 발원을 채워 놓음으로써 삼독이 다시 들어설 여지를 주지 않는 것이다.

발원이란 서원(誓願)을 발(發)하는 것이다. 말하자면 새로운 삶의 목표를 설정하는 것이다. 기존의 탐·진·치로 그득했던 삶을 돌이켜서 새로운 삶의 패턴을 형성하는 것이다.

예컨대 탐욕이란 마음에 드는 것을 자신에게 당겨오는 에너지이다. 오랜 세월 동안 익혀 온 에너지 패턴이기 때문에 없애기가 쉽지 않다. 하지만 발원을 세워 초점을 바꾸어 주기는 비교적 쉽다. 다시 말해서 '나'만을 위한 욕심을 '중생' 모두를 위한 욕심으로 전환하는 것이다.

'기도의 가피를 입고자 하는 욕심', '불법을 깨치고자 하는 욕심', '일체중생을 제도하고자 하는 욕심' 등이 그것이다. 이러한 경우는 욕심이라 부르지 않는다. 이는 '서원'이라 하는 것이다.[3]

성냄이란 마음에 거슬리는 것을 밀쳐내는 에너지다. 탐욕과는 또 다른 에너지 패턴이다. 성을 잘 내는 사람 가운데는 비교적 판단력이 뛰어난 사람이 많다. 순간적으로 상황을 판단하고 분석해서 사리에 맞지 않는다고 생각하니 벌컥 성을 내는 것이다. 머리 회전이 더딘 사람은 그때그때 성을 내기 쉽지 않다. 결국 성을 잘 내는 사람은 남의 허물을 잘 파악한다고 할 수 있다.

시선을 자신의 허물을 보는 쪽으로 돌이켜야 한다. 본래 허물이 많은 사람이 남의 허물을 잘 본다고 한다. 그러므로 남의 허물이 보이면 자신의 허물로 알면 된다. 스스로 마음을 닦아나갈지언정 남의 마음을 닦아 주려 안달해서는 안 되는 것이다.

어리석음이란 지혜의 결핍이다. 에너지가 깜박깜박하는 것이다. 공부가 잘될 리 없다.

어리석은 자 가운데 가장 어리석은 사람은 자기만 잘났다고 여기는 사람이다. 자기 스스로가 최고라고 생각하는 사람은 아무도 가르칠 수 없다. 더 이상 발전의 여지가 없는 것이다.

또한 인과법을 100퍼센트 확신하지 않는 것도 어리석음이다. 잘한 일이 인정받지 못할까 안달하며, 잘못한 일을 피해 나갈 수 없을까 초조해하는 것이다. 잘한 것은 잘한 대로, 잘못한 것은 잘못한 대로 덤덤히 받아넘길 수 있는 지혜, 이것은 인과법을 온전히 믿는 데서 온다.

한편 우둔한 이는 오히려 인내심이 강한 편이다. 오직 앞을 향해 뚜벅뚜벅 걸어 나가는 황소처럼 옆을 돌아보지 않는다. 따라서 하나하나 장애를 없애 나가며 통찰을 확립해 나가는 장점이 있다.

이처럼 발원은 존재의 속성인 탐·진·치를 부정하는 것이 아니다. 오히려 그러한 에너지, 즉 끊임없는 향상성(向上性)을 공부의 방편으로 사용할 수 있도록 돌이키는 것이다.

삼독이 비워진 마음에 발원 채우기

그렇다면 발원은 실제로 어떻게 하는 것인가?

발원 가운데 가장 보편적인 것으로 「사홍서원(四弘誓願)」이 있다.

무량한 중생 다 제도하기를 서원합니다.
무량한 번뇌 다 끊기를 서원합니다.
무량한 법문 다 배우기를 서원합니다.
위 없는 불도 이루기를 서원합니다.[4]

여기에서 '무량한 중생을 다 제도한다'는 것은 자기 마음속의 중생을 각자 자기의 몸에 있는 자기의 성품으로 스스로 제도하는 것이다.[5] 마음속 중생이 원인이 되어서 바깥 중생이라는 결과가 되기 때문이다. 이처럼 자성의 중생을 제도하고, 번뇌를 끊고, 법문을 배워, 불도를 이루길 맹세함으로써 서원력이 생겨나게 된다. 원력보살이 되는 것이다.

또 다른 예로 관세음보살의 발원은 '내 이름을 부르는 이는 누구에게나 달려가 고통에서 건져 주리라.' 하는 것이다. 지장보살의 발원은 '지옥 중생이 모두 제도되고 나서야 부처가 되리라.'이다. 그러므로 관세음보살과 만나고 싶다면 '나에게 도움을 청하는 이가 있다면 누구든 가서 힘껏 도와주리라.' 하고 발원하면 된다. 지장보살을 친견하고자 한다면 '특히 어렵고 고통받는 이들을 위하여 일생을 바치리라.' 하고 발원하면 된다.

이상과 같이 커다란 서원도 좋겠지만 자신의 현재 상황과 부합하는 발원도 무난하다. 예컨대 깨달음을 구하는 마음이 간절하다면 '일체중생이 모두 다 깨달아지이다.' 하고 발원한다. 병고에서 벗어나고자 한다면 '병고에서 신음하는 사람들을 위해서 살겠습니다.' 하고 발원한다. 불안함에서 벗어나고자 한다면 '모든 사람들의 마음이 다 편안해지이다.' 하고 발원한다.

얼핏 생각하면 내가 먼저 깨닫고, 병고에서 벗어나 편안해지고 나서 다른 사람들을 위하는 것이 순서이다. 하지만 실제로는 그렇지 않다. 남들을 위하는 대승적 서원을 세우고 행함으로써 오히려 내가 먼저 깨닫고, 병고에서 벗어나며, 마음이 편안해지는 대승불교의 심심미묘한 이치가 깃들어 있는 것이다.

이처럼 탐·진·치 삼독을 수행의 세 요인 대신심(大信心)·대분심(大憤心)·대의심(大疑心)으로 돌이킴으로써 업생(業生)에서 원생(願生)으로 전환하게 된다.

업생이란 이를테면 기존의 예금을 털어먹으며 사는 인생이며, 원생이란 새로 예금과 적금을 부어나가는 것이다. 다시 말해 업생이란 어디서 왔는지도, 어디로 가는지도 모른 채 그저 과거의 지은 바 업에 따라 이끌려 살다 가는 것이다. 원생이란, 스스로의 삶을 새롭게 갈무리해 나가는 것이다. 따라서 발원의 형식은 '부처님, 이렇게 살도록 해 주십시오.'가 아니라 '부처님, 이렇게 살도록 하겠습니다.'가 되어야 한다. 아무리 화려한 미사여구를 늘어 놓더라도 그 발원을 '…해 주십시오'로 맺는다면 결국 구걸하는 것이 된다. 물론 스스로 감당하기 어려운 위기 상황에서 잠시 구걸을 할 수는 있겠지만 궁극적으로는 스스로가 발원의 주체가 되어야 하는 것이다.

예컨대 "저 사람을 미워하지 않게 해 주세요."라고 하는 것보다는 "저 사람을 미워하지 않겠습니다." 하는 것이 보다 주체적이라 할 수 있다.

막연히 "성공하게 해 주세요." 하는 것보다는 스스로 "나는 억세게 운이 좋은 사람이야!"라고 하루에 천 번씩 백 일만 계속하면 절대 성공할 수 있다고 하는 것이다.

그릇 키우기 - 기도에 의한 자기 확장

참회를 통해 비운 그릇에 발원을 세움으로써 자기 전환은 시작되었다. 이제는 보다 강력한 자기 확장을 체험할 순서이다. 마음 그릇을 키우는 것이다. 작은 그릇에 안주해 있던 스스로를 과감히 바꾸어 커다란 그릇으로 대치해나가는 것이다.

'기도(祈禱)'라 하면 얼핏 외부의 불보살이나 신 등에게 소원 성취를 비는 정도의 것으로 생각할 수 있다. 하지만 기도란 우주 에너지와의 합일을 통한 자기와의 만남이다. 이론으로 설명하기 힘든 정신적 변화를 몸소 체험함으로써 기존의 '작은 나'에 대한 그릇된 집착과 고정관념에서 벗어나게 되는 것이다. 그래서 강력한 우주 에너지를 체험하고, '큰 나'에 접근하며, 진리와 하나가 되어 가는 것이다.

기도는 간절한 마음이 앞서야 하겠지만 이보다 더 좋은 것은 자기 부정이다. 즉 내 힘으로 어떻게 해 보겠다는 생각이 적을수록 기도는 오히려 잘된다고 하는 것이다.

"착한 사람도 염불하면 극락왕생할 수 있는데 하물며 악한 사람이랴?"는 말이 있다. 얼핏 말이 바뀐 것 같다. 보통 생각하기에는 '악한 사람도 열심히 염불하면 극락에 갈 수 있다. 하물며 착한 사람이야 당연하지 않겠나.' 하고 생각할 수 있다. 하지만 그렇지 않다. 본인이 그런대로 착하다고 생각하는 사람은 무언가 자기가 닦은 공덕에 대한 애착이 있어서 염불에 전심(全心)으로 매달리지 않게 된다. 반면 스스로가 구제 불능이라고 생각하는 사람이야말로 일단 이 길에 들어서게 되면 스스로에 대한 기대를 온전히 포기하고 오로지 부처님께 모든 것을 내맡김으로써 오히려 극락왕생이 빠르다.

오직 모든 것을 부처님께 맡겨 버리는 것, 그것이 중요한 관건이다. 심지어 기도가 잘되고 못 되고 하는 것까지도 부처님께 맡겨 버릴 수 있다면 이미 성취한 기도라 말할 수 있을 것이다.

다음으로 기도 성취를 위해서는 서로 정합(整合)이 되는 소원을 가져야 한다. 적멸보궁이나 영험한 도량에 가서 기도를 하면 한 가지 소원은 이루어진다고 하는 것도 이런 의미로 보아야 한다.

부처님이 왜 한 가지 소원만 들어주고 싶겠는가? 수백, 수만 가지 모든 중생의 소원을 모조리 성취시키고자 하는 것이 부처님의 대자대비심(大慈大悲心)이다. 다만 한 가지 소원을 들어준다고 하는 것은 정합이 되는 소원, 즉 앞뒤가 맞아떨어지는 소원을 들어준다는 것이다. 예컨대 한편으로는 '부자들은 죄다 도둑놈이야.' 하는 마음을 갖고 있으면서 다른 한편 '부자가 되게 해 주십시오.' 하는 소원을 갖는다면 정합이 되지 않는다. 결국 '도둑놈이 되게 해 주십시오.' 하는 것이나 다름없기 때문이다.[6]

기도의 종류

기도의 방법은 여러 가지가 있다. 염불, 독경, 주력 등등 무엇이든 상관없다. 자신에게 적합한 방법을 선택하여 꾸준히 해 나가는 데 묘미가 있다. 예컨대 천수다라니를 하루에 108독 한다든가, 관세음보살이나 아미타불의 명호를 일만 번씩 부른다거나, 『금강경』을 하루에 7독씩 한다거나 하는 등이다.

다라니 지송을 통해 삼매(三昧)를 성취한 사례는 많다.**[7]** 다라니 지송은 그 소리 자체에도 공덕이 깃들어 있을 뿐만 아니라, 무엇보다도 망상분별을 제거해 주는 힘이 있다. 어떠한 걱정이나 생각이 떠오르든 간에 무조건 다라니를 지송함으로써 망상분별이 쉬어진다. 나아가 자신 가운데에 있는 지혜가 저절로 떠올라 마침내 어떠한 문제든 해결할 수 있게 된다.

경전 독송의 공덕은 말할 나위가 없다. 특히 대승경전에서는 저마다 수지독송의 공덕이 자세히 설해져 있다. 『금강경』이나 『법화경』, 『능엄경』, 『화엄경』 등의 경전을 수지독송하거나 설함으로써 마음이 열렸다거나 불보살님의 가피를 입은 경우는 비일비재하다.

염불을 통한 일념의 성취도 좋다. '나무아미타불'이라는 여섯 글자를 염하여 나감으로써 일념에 다다르는 것이다. 여기서 염한다는 것은 스스로의 소리를 스스로가 듣는 것이다. 듣고 있는 순간이야말로 염불에 몰두하고 있는 순간이다. 딴생각하게 되면 들을 수가 없다. 그러므로 '내가 못 들으면 아미타불도 못 듣는다'는 마음가짐으로 듣는 데 집중해야 한다. 이러한 염불을 통하여 불보살님의 가피를 얻는 것도 중요하겠지만 궁극적으로는 자신의 마음을 일념(一念)으로 모아간다는 것이 중요하다. 그래서 마침내 일념에서 무념(無念)으로 나아가는 단초를 마련하게 되기 때문이다.

나아가 기도는 가능한 한 매일 같은 장소에서 같은 시간에 같은 요령으로 해 나가는 것이 좋다. 물방울이 바위를 뚫는 것은 지속적으로 같은 자리에 떨어지기 때문이듯 기도 또한 마찬가지이다.

기도가 가져다주는 것

기도는 정성이라고 한다. 그만큼 시간과 공력을 들여야 한다는 의미이다. 한편으로 시간 낭비라고 생각할 수도 있지만 절대 그렇지 않다.

기도에 몰입하는 것만으로도 망상분별이 적어진다. 적어도 기도하는 시간만큼은 시비분별이 엷어진다. 하루에 몇 시간씩 기도하려면 남들과 수다 떨 시간이 없다. 남을 험담할 기운도 없다. 마음이 기도에 가 있기 때문에 시비분별할 거리가 자연히 줄어드는 것이다.

한편 기도를 한다고 그 자리에서 곧바로 원하는 바가 성취되는 것은 아니다. 하지만 기도가 잘되면 자신감이 충만하게 된다. 자신감이 붙으면 자기 삶의 터전 곳곳에서 매사를 성취하기가 쉬워진다.

결국 기도를 통해서 성취하는 것은 개별적인 소원이나 발원 그 자체라기보다는 그러한 소원이나 발원을 이룰 수 있다는 자신감 내지는 자기 확신이라고 할 수 있을 것이다. 이러한 신념이 형성되면 나머지는 그냥 성취되는 것이 아닐까?

자신감이 없기 때문에 원하는 일이 쉽게 되지 않는 것이다. 분명히 된다는 그 신념은 억지로 '된다, 된다' 하고 되풀이해서 생기는 것이 아니라, 자신의 마음속에서 한 치의 의심 없이 진정으로 받아

들일 때 생기는 것이기 때문이다.

아울러 현실에 감사하는 마음을 갖게 된다. 통상적으로 감사해 보이는 일에만 감사하는 것이 아니라 매사에 감사하는 것이다.

인간으로 태어난 것 자체가 감사한 일이다. 불법을 만난 것도 감사한 일이다. 점차 깨달음의 길로 나아가고 있는 것도 감사한 일이다. 설혹 왼쪽 발목을 다쳐서 거동이 불편하다 해도, 그나마 오른쪽 발목이 성하다는 것이 감사하다. 위장병이 있어 음식을 제대로 못 먹더라도, 덕분에 욕심이 줄어든 것에 대하여 감사하다.

이렇듯 매사에 감사한 마음을 먼저 연습해 나가면(상태), 넉넉하고 즐거운 마음으로 매사에 임하게 되고(행위), 결국 재산이나 사람 등이 저절로 모여들어 넉넉한 사람이 되는(소유) 이치를 경험하게 된다. 그래서 반드시 무언가를 소유해야만 바라는 행위를 할 수 있으며 그제서야 행복해질 수 있다는 통상적인 사고방식의 틀을 벗어나게 되는 것이다.

이러한 기도 성취의 체험을 통해서 자기의 세계가 확장된다. 단지 눈에 보이고, 귀에 들리는 것만이 전부가 아니라는 것을 알게 되는 것이다. 무한한 세계가 펼쳐져 있으며, 스스로에게 무한한 가능성이 있음을 확신하게 되는 효과가 있다.

그릇 없애기 – 참선을 통한 자기 확인

그릇을 아무리 키운다 해도 그릇이 존재하는 한 결국 안과 밖이 있을 수밖에 없다. 나와 남이 있고, 선과 악이 일어난다.

궁극적으로 진리를 체득하고자 한다면 시비분별이 쉬어야 하며, 이를 위해서는 일단 모든 알음알이를 쉬어 줄 필요가 있다. 기존의 고정관념, 알음알이를 모두 놓아 버려야 한다. 이를 위해서는 일단 마음 그릇이 완전히 부서져 버리는 체험이 필수적이다. 이런 의미에서 참선(參禪)은 바로 그릇 없애기로 시작한다고 말할 수 있다.

참선은 지금까지 다루어온 참회나 발원 그리고 기도 등과는 차이가 있다. 이러한 것들은 다분히 외부지향적인 요소를 지니고 있는 반면 참선은 철저히 내부지향적이다. 다시 말해서 밖을 향해 무언가를 갈구하는 것이 아니라 스스로를 돌이켜 비춘다는 데 특징이 있는 것이다.

참선의 교과서는 다름 아닌 『육조단경』이다. 이 경에서는 참선 수행의 지침을 잘 설명해 주고 있다. 그것은 바로 '문안의 수행'과 '문밖의 수행'을 구별할 줄 알아야 한다는 것이다.[8]

'문밖의 수행'은 몸을 닦고(修身) 마음을 닦는 것(修心)이다. 몸과 마음을 수련하거나 기(氣)를 다스리는 등의 수행법은 참선 수행의 방편은 될 수 있을지 몰라도 궁극은 되지 못한다. 몸과 마음의 실체를 인정하고 닦아나가는 방법은 당연히 오랜 세월에 걸쳐 고도의 수행을 한 전문가들에게 유리할 것이다.

'문안의 수행'은 자성을 보는 것(見性)이다. 몸이니 마음이니 하는 것은 본래 실체가 없다. 실체가 없는 것을 부여잡고 닦으려는 것은 궁극적으로 부질없다. 본성이 공(空)함을 체득하는 것이야말로 궁극적이다. 그것은 뿌리를 보고 근본 줄기를 다스리는 것이다. 이것은 언제 어디에서든 누구에게나 열려 있다. 단박에 가능하다.

몸을 닦고, 마음을 닦는 것은 잎사귀를 따고 가지를 찾는 것과 같다. 잎사귀를 따고 가지를 찾는 것은 당장 효험이 있어 보인다. 하지만 시간이 지나면 다시 제자리이다. 뿌리를 뽑고 줄기를 다스려야 비로소 생사일대사가 해결되는 것이다. 이런 점에서 참선과 다른 명상법에 결정적 차이가 있다.

비유컨대 다른 명상이 아날로그식이라면 참선은 디지털식이다. 가령 5시라는 시간을 가리키기 위해서 반드시 3시와 4시를 거쳐야 하는 것이 아날로그식이라면 디지털식은 곧바로 5시를 나타내줄 수 있다. 항상 바로 지금 여기에서 완전한 시간을 가리킬 수 있는 것이다.

본래 오염될 수 없는 것

참선의 방법이라고 하면 흔히 좌선의 자세를 연상한다. 가부좌를 틀고 앉아 있으면 참선하는 걸로 생각한다. 하지만 좌선은 참선의 한 가지 표현 양식일 뿐이다.

진정으로 앉혀야 할 것은 몸이 아니라 마음이다. 그래서 육조 혜능 스님은 '좌(坐)라는 것은 밖으로 모든 경계(대상)에 대해 생각을 일으키지 않는 것이요, 선(禪)이라는 것은 안으로 본래 성품을 보아 어지럽지 않은 것'■⁹이라고 강조했다. 좌선의 의미를 새롭게 해석한 것이다.■¹⁰

이로 보건대 진정으로 주저앉혀야 할 것은 몸뚱이가 아니라 시비분별심이다. 자기의 몸은 앉아서 움직이지 아니하나 입만 열면 곧 사람들의 옳고 그름을 말하는 사람이 있다면 이는 미혹한 사람으로서 도와는 어긋나 등지는 것이다.■¹¹ 왜 그런가? 다투기 시작하면 자성이 생사에 떨어지기 때문이다.■¹²

그렇다고 해서 좌선을 하지 말라는 의미는 아니다. 다만 좌선을 하면서 진정으로 보아야 할 것은 나의 허물이요, 진정으로 보지 말아야 할 것은 세상과 사람들의 허물이라는 것이다.■¹³

사실 참선의 목표이자 방법은 견성이다. 그런데 견성의 몇몇 사례를 살펴 알 수 있는 것은 참선을 함에 있어 정작 몸뚱이 좌선이나 마음 닦음이 필수가 아니라는 점이다. 오히려 이러한 기존 관념은 견성의 장애 요인으로 작용할 수 있다. 그렇다면 견성을 위해 정작 필요한 것은 무엇인가?■¹⁴

가장 중요한 것은 선지식과의 만남이다. 『육조단경』에서도 '스스로 깨치지 못하는 이는 모름지기 큰 선지식을 찾아서 지도를 받아 자성을 보라'■¹⁵고 누누이 권하고 있다. 최상승법이 바른길을 곧게 가리키는 것임을 아는 것, 그것이 큰 선지식이며 큰 인연이다.

『금강경』이나『육조단경』또한 문자로 된 선지식이다. 그러므로 능히 자성을 깨치지 못하면 모름지기 선지식의 지도를 받아서 자성을 보아야 한다. 이와 같이 하여 자기 마음속의 선지식을 알면 곧 해탈을 얻는다. 하지만 밖의 선지식이 가르쳐 준다 하여도 스스로 깨치지 못하는 경우는 어떻게 해야 하는가?

> 만약 자기의 마음이 삿되고 미혹하여 망념으로 전도되면 밖의 선지식이 가르쳐 준다 하여도 스스로 깨치지 못할 것이니 마땅히 반야의 관조를 일으켜라. 잠깐 사이에 망념이 다 없어질 것이니 이것이 곧 자기의 참 선지식이라, 한 번 깨침에 곧 부처를 아느니라.[16]
> - 『육조단경』

여기에서는 '반야의 관조(觀照)'를 일으키라고 되어 있다. 그러면 잠깐 사이에 망념이 없어져 자기의 참 선지식이 드러난다고 하는 것이다. 망념이 사라지면 무념의 상태가 된다. 여기에서 무념이란 목석처럼 아무 생각이 없는 게 아니다. 모든 법을 보되 그 모든 법에 집착하지 않는 것이다. 모든 곳에 두루 하되 그 모든 곳에 집착하지 않고 항상 자기의 성품을 깨끗이 하여 육진(六塵) 속을 떠나지도 않고 물들지도 않아 오고 감에 자유로운 것이다.[17]

이와 같은 무념을 찰나 간에 가능케 하는 반야의 관조를 어떻게 일으켜야 할까? 그것은 다름 아닌 성품에 초점을 맞추는 것이다. 몸과 마음과 성품 가운데 근본이 되는 것은 성품이다.[18] 성품은 다만 보면 되는 것이지 닦을 것이 아니다. 본래 청정하기 때문이다. 그렇다면 수행은 필요 없는가? 남악 회양 스님은 말한다.

닦아 증득함은 없지 않으나, 오염될 수는 없습니다.[19]
- 『육조단경』

성품은 공한 것이므로 오염될 수 없다. 본래 오염되지 않았기에 닦을 것도 없는 것이다. 이러한 바탕 위에 닦는 것을 '불오염수(不汚染修)'라고 한다. 즉 오염된 것을 닦아서 청정하게 만들어내는 수행이 아니라 오염될 수 없는 것을 제대로 밝혀내는 수행이다. 본래 성품을 보게 되는 것이다.

그렇다면 닦을 것이 없는데 무얼 닦는가? 요컨대 세상은 허공에 나타난 헛꽃과 같다.[20] 헛꽃은 실재하지 않는다. 본래 없는 것이지만 내 눈이 피로하니까 있는 것으로 보일 뿐이다. 하지만 헛꽃이 실재한다고 보는 착시현상은 실재한다. 결국 착시현상을 쉽게 해 주어야 한다. 그러므로 '쉬는 것이 곧 깨달음'[21]이라고 하는 것이다. 여기서 쉰다는 것은 몸뚱이 애착과 마음의 분별을 쉰다는 것이다. 그러기 위해서 가장 좋은 방법은 이근원통법(耳根圓通法)이다. 소리를 듣는 성품에 초점을 맞춤으로써 자연스럽게 몸과 마음이 쉬어지도록 하는 것이다. 이것은 소리를 듣는 성품을 돌이켜 듣는 것이다.[22] 관찰자를 관찰하는 것이다.[23] 소리에는 생멸이 있으나 듣는 성품에는 생멸이 없다.[24] 몸뚱이는 비록 자고 있더라도 듣는 성품은 혼침(昏沈)에 떨어지지 않는다.[25] 꿈속에서도 보고 듣고 하는 것이다. 이렇게 불생불멸인 성품 자리에 초점을 맞추어 수행하는 것이 이근원통법이다.

그 구체적인 요령은 다음과 같다.

첫째, '마하반야바라밀'을 염한다.[26]
둘째, 그 소리를 듣는다.
셋째, 소리를 듣는 성품을 돌이켜 듣는다.

듣는 성품을 돌이켜 듣는다는 것은 '이 성품이 어떤 건가? 어떻게 생겼을까?'[27] 하고 챙겨 주는 것을 말한다. 일단은 소리를 듣는데 집중하면서 때때로 챙겨 주도록 한다. 이렇게 성품 자리에 초점을 맞추다 보면 소리와 색깔 등의 바깥 경계에 더 이상 초점을 맞추지 않게 된다. 그럼으로써 차츰 분별이 쉬어지고 보리가 현전하게 되는 것이다. 이러한 수행은 단순히 깨달음을 얻기 위한 수행(因地修行)이 아니라 바로 지금 여기에서 불생불멸인 성품과 하나 되어 가는 수행(果地修行)이라고 말할 수 있는 것이다.[28]

바로 지금 여기에서의 안심

참선은 다름 아닌 안심법문이다. 일시적인 게 아니라 궁극적으로 마음을 편안케 해 준다. 선(禪)의 초조인 보리 달마와 이조 혜가 사이에 다음과 같은 문답이 전한다.

달마 대사에게 혜가가 말했다.

"저의 마음이 편안치 않으니 스님께서 편안하게 해 주소서."

대사가 대답하였다.

"마음을 가져오너라. 편안케 해 주리라."

혜가가 대답하였다.

"마음을 찾아도 끝내 얻을 수 없습니다."

달마가 말하였다.

"그대의 마음을 벌써 편안하게 해 주었느니라."■29

- 『선문염송』

혜가는 이곳저곳으로 가르침을 구해 다녔지만 궁극적으로 불안한 마음을 달랠 수가 없었다. 모든 지식과 사상이 정작 마음을 편안케 하는 데는 쓸모가 없었던 것이다. 하지만 달마 대사의 '마음을 가져오너라.' 하는 한 마디에 마음의 실체가 없다는 것을 알게 된다. 다만 불안하다고 생각해 왔을 뿐 실제로 불안한 마음을 찾아낼 수가 없었던 것이다. '마음을 찾아도 끝내 얻을 수 없습니다.'라는 대답으로 마음이 이미 편안케 되어 버린 것이다. 그래서 보리 달마의 가르침을 '대승안심지법'이라고 칭하며, 달마 선의 주목되는 특색으로서 '안심'을 지적하는 것이다.■30

이와 같은 안심은 일시적인 것이 아니라 궁극적인 것이며, 밖으로 무언가에 기댄 안심이 아니라 스스로의 자성청정심(自性淸淨心)에 입각한 안심이다. 또한 먼 훗날을 기약하는 안심이 아니라 바로 지금 여기에서 이루어지는 안심인 것이다. 속박에서 벗어날 해탈법문을 구하는 사조 도신 스님에게 삼조 승찬 선사가 물었다.

"누가 그대를 묶었는가?"

"아뇨, 아무도 묶지 않았습니다."

"그런데 어찌 해탈을 구하는가?"■31

-『선문염송』

　모든 번민은 자승자박(自繩自縛)일 뿐이다. 물론 외부와의 반연(攀緣)으로 일어나는 괴로움도 있겠지만 궁극적으로 보자면 그 역시 스스로가 만들어낸 일이다. 고통은 스스로가 수용하는 만큼 받는 것이다. 따라서 바로 지금 여기에서 놓아 버리면 된다. 몸뚱이, 재물, 명예 등에 대한 애착을 놓아 버리면 그 자리에서 해탈이 가능해진다고 하는 것이다.

　이처럼 참선을 하면 행복해진다. 바로 지금 여기에서 행복해지는 것이다. 이를테면 기도는 바라는 것이 있어서 소원을 빌게 되고, 소원이 성취됨으로써 기쁨을 느끼겠지만 참선은 이와는 다르다. 누군가에게 나의 행복을 빌고 원하는 것이 아니라 스스로가 바로 지금 여기에서 행복해지는 것이다. 그러기 위해서는 조건이 없어야 한다. 행복의 조건이 많은 사람일수록 사실상 행복해지기가 어렵다. 예컨대 가정의 평화와 경제적 풍요, 그리고 여러 가지 주변 상황이 자신의 뜻에 딱 맞아야 행복하다고 생각하는 이는 쉽게 행복을 성취할 수 없을 것이다. 바로 지금 여기에서 더 이상 바랄 것이 없고, 더 이상 할 일이 없고, 더 이상 될 것이 없음을 체험하는 것이 진정한 참선의 행복이다.

그릇 만들기 – 행불을 통한 자기 창조

참회에서 시작해 참선까지의 과정이 그릇을 비우고, 채우고, 키워서 결국 없애는 과정이라면 행불은 다시 그릇을 만들어나가는 과정이다. 여기에서의 그릇은 일정한 형상에 집착하지 않는다는 점에서 앞서의 그릇과는 다른 의미를 지닌다. 사라졌던 그릇을 왜 다시 만드는가? 진공(眞空)은 묘유(妙有)이기 때문이다.

『금강경』에서의 '응당 머무는바 없이 그 마음을 내라' 한 구절은 진공묘유(眞空妙有) 사상을 함축해 표현한다. 머무는바 없음은 '진공'을, 그 마음을 낸다는 것은 '묘유'를 말한다.

불교에 따르면 모든 존재는 변화한다. 그 속에 변화하지 않는 고정된 실체는 따로 없다. 꿈과 같고, 허깨비, 물거품, 그림자, 이슬, 번갯불과 같다.[32] 시시각각으로 변화하고 있는 존재의 어느 순간을 잡아내어 '이것'이라고 말할 수 있는가?

섬진강을 예로 들어 보자. 섬진강은 시시각각 흘러가고 있다. 계절에 따라 다르고, 나날이 다르며, 아침저녁으로도 달라진다. 그런데 어느 순간의 섬진강을 딱 잘라내어 '이것이 섬진강이다.'라고 할 수 있을까? 그 순간만을 섬진강이라고 규정한다면 그 순간 이외의 섬진강은 섬진강이 아닌 것이 된다. 따라서 고정된 실체로서의 섬진강은 존재하지 않는다. 이름이 '섬진강'일 뿐이다.

그렇다면 섬진강은 없는 것인가? 그것은 아니다. 섬진강은 분명히 존재한다. 고정된 실체로서 존재하는 것은 아니지만 시시각각 변화하고 있는 현상으로서의 섬진강은 분명 존재한다. 존재하면서 분명히 작용하고 있는 것이다. 그 가운데 많은 물고기를 갈무리하고 있으며, 토사를 운반하면서 흘러내려 가고 있다. 이른바 찰나생멸(刹那生滅)하고 있는 것이다. 따라서 마치 흐르는 강물처럼 머무는바 없이 작용을 일으켜야 한다고 하는 것이다.

그렇다면 머무는바 없이 어떻게 이 마음을 낼 것인가? 이것은 『금강경』서두에서 수보리의 질문에 대한 부처님의 답변에 잘 나타난다. 수보리는 부처님께 묻는다.

> 위없이 높고 바른 깨달음(아뇩다라삼먁삼보리)을 얻고자 하는 이는 이 마음을 어떻게 머무르며, 어떻게 항복받아야 하겠습니까? [33]
> – 『금강경』

부처님과 같은 최상의 깨달음을 얻고자 하면 이 마음을 어떻게 머무르고 어떻게 항복받아야 하겠냐는 질문이다. 수보리의 이와 같은 질문에 대해 부처님은 두 가지로 대답해 주신다.

> 먼저 '일체중생을 제도하리라.' 하고 마음먹어라.
> 그러고는 마음에 머무는바 없이 베풀어라. [34]
> – 『금강경』

부처님의 답변은 의외로 간단하다. 이를테면 죽어라 용맹정진을 해야 한다든지, 계율을 철저히 지켜야 한다든지, 수많은 경전을 외워야 한다든지 하는 것이 아니다. 그저 일체중생을 제도하리라 마음먹고 머무는바 없이 베풀면 된다는 것이다. 온전히 마음가짐의 문제에 집중하고 있음을 알 수 있다. 그러므로 일체중생의 제도는 바로 지금 여기에서 자성중생(自性衆生)부터 이루어져야 할 것이다. 자성중생이란 탐욕과 성냄, 그리고 어리석음이다.

　　머무는바 없이 베푼다는 것은 어떠한 대가도 바라지 않고 베푸는 것이다. 이 또한 바로 지금 여기에서 가능한 것부터 실행하면 된다. 이러한 서원을 세워서 실천해나가되 '나'라든가 '남'이든가, '준다'든가 '받는다'는 생각 없이 해야 한다. 왜 그럴까? 이러한 생각이 있으면 서원이 아닌 욕망이 되어 버리기 때문이다. 욕망은 '나'라는 고정된 실체가 있다는 착각에 근원을 두고 있다. 하지만 '나'라는 고정된 실체는 없다. 따라서 '나의 것'도 있을 수 없다. 다만 시시각각 변화하고 있는 임시적 현상으로서의 '나'라는 이름이 있을 뿐이다.

　　그러므로 '나'는 소유할 수 있는 것이 아니다. 다만 관리해 줄 수 있을 뿐! 몸뚱이도, 마음도, 집도, 재산도, 가족도 마찬가지이다. 소유자가 아니라 관리자다. 관리를 맡은 이상 열심히 잘 관리해야 할 의무가 있다. 하지만 관리 시효가 다하면 애착 없이 떠나야 하는 것이다. 마치 뱀이 껍질을 벗어던지듯이.

부처의 행이 곧 부처이다

'행불'이란 수행불행(修行佛行)을 말한다. 부처의 행을 수행한다는 의미이다. 육조 혜능 스님으로부터 불지견(佛知見)을 열면 『법화경』을 굴리고, 중생지견(衆生知見)을 열면 『법화경』에 굴림을 당하게 된다는 말씀을 듣고 법달은 말한다. [35]

> "큰스님이시여. 실로 지금까지 『법화경』을 굴리지 못하였습니다. 7년을 『법화경』에 굴리어 왔습니다. 지금부터는 『법화경』을 굴려서 생각 생각마다 부처님의 행을 수행하겠습니다(修行佛行)."
> 대사께서 말씀하셨다.
> "부처의 행이 곧 부처이니라(佛行是佛)." [36]
> ─ 『육조단경』

부처의 행이 곧 부처이다. 이것은 부처가 따로 있어 부처의 행을 하는 것이 아니라 부처의 행을 하는 자가 곧 부처가 된다고 하는 것이다. 결국 '고정불변의 나'가 따로 있는 것이 아니므로 바로 지금 여기에서의 '나의 행위'가 그대로 '나'라는 의미도 된다.

이 가르침엔 일체가 모두 공함에도 불구하고 마음을 내어 열심히 살아가야 한다는 이치가 담겨 있다. 공에 떨어져 허무주의에 빠져서는 안 되고, 참다운 공은 묘유라는 도리를 터득해야 한다.

마곡산의 보철 선사가 어느 때 부채를 부치고 있었다. 거기에 어떤 스님이 와서 물었다.

"바람의 본질은 변하지 않고 두루 작용하지 않는 곳이 없거늘 어째서 스님은 부채를 쓰고 있습니까?"

선사가 대답했다.

"자네는 바람의 본질이 변하지 않는다는 것은 알고 있지만, 그것이 두루 미치지 않는 곳이 없다는 말의 올바른 의미를 알지 못하는군."

"그렇다면 그것은 어떤 것입니까?"

선사는 묵묵히 부채를 부치고 있을 따름이었다.

그 스님은 깊이 감격하여 예배하였다.[37]

– 『정법안장』

진리를 안다는 것, 바르게 전하여진 가르침을 살린다고 하는 것은 이와 같다. '바람의 본질은 변하지 않기 때문에 부채를 부치지 않아도 좋다'고 한다면 그것은 바람의 본질을 제대로 알지 못하는 것이다. 부채를 부치는 작용을 통해서 바람은 존재한다. 이러한 작용을 떠나서 본질이 따로 있는 것도 아니다.

바른길을 따라온 공부는 깨지지 않는다

요컨대 참회와 발원이 마음공부를 위한 준비 단계라면 기도는 일심(一心) 공부이며, 참선은 무심(無心) 공부요, 행불은 발심(發心) 공부라 말할 수 있다.

'심원의마(心猿意馬)'라는 말이 있다. 마음은 마치 원숭이처럼 오락가락하며, 말처럼 치달린다는 의미이다. 예컨대 좌선을 하면서 자신의 마음을 들여다보면 잠시도 가만히 있지를 못하고 과거에서 미래로 여기저기 왔다 갔다 하는 것을 알 수 있다. 따라서 기도는 이렇게 갈팡질팡하는 마음을 하나로 모으는 것에서 시작한다. 그것은 한 가지 주제를 정하여 거기에 몰두하는 것이다.

예컨대 '관세음보살'을 염한다고 해 보자. 처음에는 앉거나 서서 염하고 듣는다. 거기서 익숙해지면 오나가나 염한다. 좀 더 익숙해지면 자나 깨나 염한다. 이렇게 해서 완전히 숙달되면 죽으나 사나 염할 수 있게 되는 것이다. 이를 간단히 표현하면 다음과 같다.

"앉으나 서나 관세음보살! 오나가나 관세음보살! 자나 깨나 관세음보살! 죽으나 사나 관세음보살!"

다음으로 참선은 무심 공부이다. '관세음보살'이나 '마하반야바라밀'을 계속 부르고 듣다 보면 나중에는 부르는 이도, 듣는 이도 모두 공(空)해져서 매사에 무심해질 수 있게 된다. 나라든가 남이라든가, 선이나 악, 좋고 싫은 상대적인 경지를 초월해 언제 어디서 무엇을 하든 항상 무심하게 '바로 지금 여기에서 …할 뿐'인 상태가 되는 것이다. 이렇게 되면 무엇을 하든 걸림이 없게 되고, 걸림이 없으므로 두려움이 없게 되어 뒤바뀐 생각을 떠나 필경에는 마음이 참으로 쉰 자리에 이르게 된다.

바로 지금 여기에서 밥 먹을 땐 밥 먹을 뿐, 잠잘 땐 잠잘 뿐, 공부할 땐 공부할 뿐, 일할 땐 일할 뿐, 쉴 땐 쉴 뿐, 죽을 땐 죽을 뿐이다.

마지막으로 행불은 발심 공부이다. 마음이 푹 쉰 자리에서 일부러 한 마음 일으켜 중생 제도에 나서는 것이다.

여기에서 발심은 초보자의 발심과는 다르다. 예컨대 초보자의 발심이 무쇠에 해당한다면 무심을 거친 이후의 발심은 강철과도 같다. 깨어지기 쉬운 무쇠는 용광로의 불과 대장장이의 단련을 거쳐서 비로소 강철로 만들어진다. 초보자의 발심은 깨지기 쉬우며 성취하기 어렵다. 하지만 일심 공부와 무심 공부를 거친 이후의 발심은 깨지지도 않으며 성취하기도 쉽다. 아니, 성취 여부에 집착하지 않고 계속된다. 이른바 대발심(大發心)인 것이다. 그 예로 관세음보살은 "누구든지 내 이름을 부른다면 달려가 고통에서 건져 주리라." 하였으며, 지장보살은 "지옥 중생이 사라지지 않는 한 성불하지 않고 보살로 머물면서 지옥 중생을 제도하리라." 하는 것이다. 이 정도까지는 아니더라도 다음과 같이 마음을 낼 수는 있다.

'나는 내가 창조한다.', '내가 선택한다.', '내 작품이다.', '나는 억세게 재수 좋은 사람이다.', '나는 성공한다.', '일체중생을 제도하리라.', '머무는바 없이 베풀리라.', '나는 부처님의 제자다.', '나는 복덕과 지혜를 두루 갖춘 사람이다.' … 이 정도 경지에 이르면 업(業)에 의해 이 세상에 다시 태어나지 않게 된다. 이른바 원(願)에 의해 자유자재로 다시 태어날 수 있게 되는 것이다.

내 인생의 주인공은 나 자신뿐

부처의 행을 수행한다는 것은 다름 아닌 자신이 자신의 창조자임을 믿는 것이다. 그러기 위해서는 먼저 지금 이 모습이 바로 내 작품이라고 확신해야 한다. 이 모습이 내 작품이 아니고 신 혹은 타인의 작품이라고 생각한다면 내 인생의 주인공은 신이나 타인이 된다. 그래서 지금 자신의 모습, 자신의 삶을 스스로 고칠 수 없는 것이다. 반대로 내 작품이라고 인정할 때 스스로 고쳐나갈 수 있다.

우리는 인생이란 무대의 배우이자 연출자이기도 하다. 이것은 단순히 내가 누구인지를 아는 데서 한 걸음 더 나아가 자신이 '만들고 싶은 나'가 무엇인지를 아는 것이다. 자기에게 주어진 배역을 충실히 실행하되 정 마음에 들지 않으면 바꿀 수도 있다. 자신을 만들어나가는 창조자의 삶을 사는 것이다.

창조자의 삶은 '… 때문에'라고 핑계를 대는 것이 아니라 '…에도 불구하고' 열심히 살아가는 것이다. '당신 때문에', '너희들 때문에', '재산이 적기 때문에', '건강이 좋지 않기 때문에' 불행하다고 생각하지 않는다. 이것은 남의 탓을 하는 것이다. 주인된 마음이 아니다. '그럼에도 불구하고', '재산이 적어도 불구하고', '건강이 안 좋음에도 불구하고' 감사할 줄 아는 것이다. 감사하는 마음이 감사할 일을 불러오며, 한탄하는 마음이 한탄할 일을 불러온다. 마음이 먼저이고 현실이 나중이기 때문이다.

또한 창조자는 머무는바 없이 그 마음을 낸다. 언제나 머무르지 않는 삶을 살아간다. 지나간 과거에 연연하지 않는다. 닥쳐올 미래의 일을 앞당겨 고민하지도 않는다. 다만 바로 지금 여기에서 스스로에게 충실한 삶을 살아갈 뿐이다.

나아가 창조자는 중생들과 더불어 생동하는 삶을 산다. 일체가 곧 '나'이고 '부처'이기 때문이다. 모든 존재는 그 근원인 자성에서 창조된 것이며, 따라서 우리 모두는 바로 '내 안의 나'요, '내 안의 남'인 것이다. 꿈속에서 '나'다, '남'이다 하지만 꿈에서 깨어나면 모두가 내 속에서 일어났던 일인 것과 마찬가지이다. 항상 깨어 있는 삶을 살되 선악을 분별하는 판사의 입장이 아니라 다만 관찰자의 입장에서 일체중생을 자비의 눈길로 지켜보게 된다.

나
가
며

문수는 문수! 월호는 월호!

흔히 불교는 수행의 종교라 한다. 하지만 엄밀히 말하자면 불교는 수행의 종교가 아니라 깨달음의 종교이다. 그래서 수행자의 가르침인 수교(修敎)가 아니고, 깨달은 이의 가르침인 불교(佛敎)라 하는 것이다.

물론 수행을 하지 말라는 것이 아니다. 수행은 당연히 필요하다. 하지만 깨달음으로 향하는 수행이 아니라 깨달음에 입각한 수행을 하라는 것이다. 이것이 사생자부(四生慈父)이신 부처님의 뜻에 합당하다. 아버지의 유산을 활용하자.

예컨대 휴대폰을 매장에서 구입하여 개통한 후에 즉시 통화하는 것과 마찬가지다. 휴대폰의 소프트웨어와 하드웨어를 완벽히 이해한 후에 통화할 필요는 없다. 일단 간단한 사용 방법만 알면 된다. 만약 휴대폰의 작동 원리와 컴퓨터 프로그래밍, 그리고 구성 재료와 제조 및 개발 과정 등을 모두 알고 나서 쓰려 한다면 아마 금생에는 사용하기 힘들 것이다.

부처님의 깨달음도 마찬가지다. 나도 이제부터 각고의 수행을 통해 언젠가 부처님처럼 깨달음을 얻은 후에 전법하리라 생각한다면 금생에는 어려울 것이다. 지금부터 부처님의 깨달음을 활용하는 것이 현명하다.

그렇다면 부처님의 깨달음은 어떤 것인가? 그 내용은 선종의 교과서라 할 수 있는 『경덕전등록(景德傳燈錄)』이나 『직지심경(直指心經)』 등의 과거 칠불 게송에 간단명료하게 정리되어 있다. 예컨대 구류손 부처님이 게송으로 말씀하셨다.

이 몸이 실체가 없다고 보는 것이 부처님의 견해이며
이 마음이 아바타(幻)라고 깨닫는 것이 부처님의 깨달음이다.
몸도, 마음도 그 본성이 텅 비었음을 깨달으면
이 사람이 부처님과 무엇이 다르랴?

한 마디로 '몸도 아바타! 마음도 아바타!'라는 것이다. 일곱 부처님이 공통적으로 이러한 게송을 설하고 있다. 그러므로 이에 입각한 수행을 하는 것이 현명하다.

참선은 본래 돈오(頓悟)를 주창한다. 단박에 깨친다는 것은 '교외별전 불립문자 직지인심 견성성불(教外別傳 不立文字 直指人心 見性成佛)'을 말한다. 교리와 문자를 내세우지 않고, 바로 지금 여기에서 곧바로 마음을 가리켜, 성품을 보아 불도를 이루는 것이다. 마음은 아바타요, 성품은 공(空)한 것이다. 실체는 없고, 현상이 있을 뿐!

일상 생활을 하는 가운데 '아바타가 탐이 난다.', '아바타가 화가 난다.', '아바타가 근심 걱정한다.'라고 관찰하자. 그럴 때 탐·진·치는 아바타의 몫이 된다. 나는 다만 관찰할 뿐! 관찰이 관찰자다. 이 경지에 이르러야 비로소 문수보살을 주걱으로 후려치며 이렇게 말할 수 있을 것이다.

"문수는 문수요! 월호는 월호다!"

■**1** 혜심·각운 지음, 김월운 옮김, 『선문염송·염송설화 1』, 동국역경원, 2005, 514쪽.

■**2** 퇴옹 성철, 『돈황본 육조단경』, 장경각, 1989, 137쪽(이하 육조단경).

■**3** 서원과 일반적인 욕심과는 다르다. 어떻게 다른가? 우선 욕심은 자기 자신이나 가족을 위한 것이다. 하지만 서원은 나 자신뿐만 아니라 우리 모두를 위한 소망이 담겨 있다. 예컨대 '일체중생을 제도하리라.' 하는 식의 원은 나와 남을 구분하지 않고 모든 이의 행복을 기원하는 것이다. 다음으로 욕심은 본능적인 것이지만 서원은 새롭게 창조해나가는 것이다. 잘 먹고 잘 살거나 명예와 장수를 추구하는 것은 본래 타고난 본능적인 깃이나. 하지만 서원을 발한다는 것은 타고난 욕망에 머무르지 않고 한 걸음 더 나아가 새로운 경지를 창조해나가는 것이다. 예컨대 '머무는바 없이 베풀리라.' 하는 원은 능동적이라고 말할 수 있다. 무언가를 '받고자' 하는 본능을 딛고 나아가 '주고자' 하는 것이기 때문이다. 마지막으로 욕심은 결과를 중시하지만 서원은 과정 그 자체를 즐길 줄 안다. 욕심은 대개 미래지향적이기 때문에 앞날의 욕망 달성을 위해서 현재를 희생할 것을 요구한다. 하지만 서원은 '바로 지금 여기'에 중점을 둔다. 물론 스스로가 세운 원을 달성할 수 있도록 끊임없이 노력하기는 하지만 결과에 대하여 집착하지 않는다. 바로 지금 여기에서 마음을 내는 자체가 이미 즐거운 것이다.

■**4** 육조단경, 149쪽.

■**5** 육조단경, 150쪽.

■**6** 마음공부를 하는 이는 궁극적으로 '소원이 없는 것'이 소원이 되어야 한

다. 구하는 바가 많을수록 괴로움도 큰 법이다. 바라는 바가 없으면 마음이 평안해진다. 바라는 바가 있으면 자연히 사량계교(思量計較)가 늘어나게 된다. 무슨 일을 하든 그 일이 자신의 바람과 부합하는가 아닌가, 이익이 되는가 손해가 되는가를 자꾸 생각하게 되고, 마침내 생각 생각에 걸림이 늘어나게 되는 것이다.

■7 근세 선(禪)의 중흥조인 경허 선사의 수제자 수월 스님은 밤낮으로 오로지 천수다라니 지송을 공부 삼아 일념불망(一念不忘)의 경지에 이르렀다 한다. 용성 스님도 참선에 진전이 없자 천수다라니를 지송하고, 이로써 의단이 형성되어 마침내 공부를 이루었다 한다. 숭산 스님도 역시 천수다라니를 백 일 동안 지송하여 귀중한 체험을 얻었다고 한다.

■8 『육조단경』에서 오조 홍인 대사는 '몸은 보리(菩提)의 나무요, 마음은 밝은 거울과 같으니, 때때로 부지런히 털고 닦아서 티끌과 먼지 묻지 않게 하라'는 게송을 지은 신수에게 아직 문안으로 들어오지 못하였다고 지적한다. 문안으로 들어와야만 자기의 본성을 본다고 하는 것이다(육조단경, 106~107쪽).

■9 "外於一切境界上에 念不起爲坐요 內見本性不亂이 爲禪이니라"(육조단경, 135쪽).

■10 몸의 좌선을 중시하는 것은 묵조선(默照禪)이다. '5분 앉으면 5분 부처'라고 할 만큼 몸의 좌선을 중시한다. 심지어 '몸으로써 깨닫는다'라는 말도 종종 사용할 정도로 몸의 좌선을 중요시 여긴다. 간화선에서는 마음으로 화두 챙김을 중시한다. 앉으나 서나, 오나 가나, 자나 깨나, 그리고 궁극적으로 죽으나 사나 화두 챙김이 간화선이다. 간화선의 교과서인 『선요(禪要)』의 주인공 고봉 원묘 선사는 밥 먹는 시간을 제외하고는 일체 자리에 앉는 일 없이 오직 걸어 다니면서 화두를 참구했다고 한다.

■11 육조단경, 133쪽.

■12 육조단경, 261쪽.

■13 육조단경, 241쪽.

■14 월호, 「육조단경에서의 견성의 의미」, 『백련불교논집』 제9집, 1999,

75~97쪽 참조.

■15 육조단경, 177쪽.

■16 육조단경, 178쪽.

■17 육조단경, 180쪽.

■18 육조단경, 200쪽.

■19 '修證卽不無나 汚染卽不得이라'(육조단경, 78쪽).

■20 '一切世間의 山河大地와 生死涅槃이 皆卽狂勞의 顚倒華相이니라'(김탄
허 현토, 『능엄경』, 도서출판 교림, 1994, 290쪽(이하 능엄경)).

■21 능엄경, 238쪽.

■22 능엄경, 371쪽.

■23 능엄경, 337쪽.

■24 '聲有生滅이나 聞性은 常在라'(능엄경, 274쪽).

■25 '其形은 雖寐나 聞性은 不昏'(능엄경, 277쪽).

■26 『육조단경』에 마하반야바라밀법을 염하라는 표현이 나타난다. '能大師言
하되 善知識아 淨心하여 念摩訶般若波羅蜜法하라'(육조단경, 90쪽).

■27 경허 스님의 「참선곡」에서는 '이 마음이 어떤 건가, 어떻게 생겼을까?' 하
고 참구하도록 가르치고 있다.

■28 월호, 「능엄경에서의 쉼의 의미」, 『수다라 열여섯 번째』, 해인사승가대학,
26~40쪽 참조.

■29 『선문염송·염송설화 1』, 472쪽.

■30 김동화, 『선종사상사』, 동국대학교 석림회, 1982, 86~90쪽.

■31 『선문염송·염송설화 1』, 524쪽.

■32 대한불교문화진흥회 편, 『금강반야바라밀경 오가해』, 보련각, 1985, 139
쪽(이하 금강경).

33 금강경, 27쪽.

34 금강경, 30~34쪽.

35 불지견을 연다는 것은 자신이 본래 부처라는 확고한 신심을 갖는 것이다. 자신이 중생일 뿐이라고 믿고 있는 한 중생 살이에서 벗어날 기약은 없다. 일단 스스로가 불성, 즉 청정무구한 본성을 지닌 귀중한 존재임을 믿고 들어가야 한다. 『법화경』에서는 부처님께서 이 세상에 오신 일대사인연이 오직 불지견을 열어 보이고 깨달아 들어가게 하기 위함이라고 설명하고 있다. 『육조단경』에서는 이것이야말로 진정한 출세(出世)라고 한다(육조단경, 232쪽).

36 육조단경, 233쪽.

37 월호, 「道元禪師의 坐禪觀」, 동국대학교 석사학위논문, 1986, 33~34쪽.

이 뭐꼬?
이것뿐!

ⓒ 월호, 2023

2023년 2월 20일 초판 1쇄 발행
2023년 5월 31일 초판 2쇄 발행

지은이 월호
발행인 박상근(至弘) • 편집인 류지호 • 상무이사 김상기 • 편집이사 양동민
책임편집 김재호 • 편집 양민호, 김소영, 최호승, 하다해 • 디자인 쿠담디자인
제작 김명환 • 마케팅 김대현, 이선호 • 관리 윤정안 • 콘텐츠국 유권준, 정승채
펴낸 곳 불광출판사 (03169) 서울시 종로구 사직로10길 17 인왕빌딩 301호
　　　　대표전화 02) 420-3200 편집부 02) 420-3300 팩시밀리 02) 420-3400
　　　　출판등록 제300-2009-130호(1979. 10. 10.)

ISBN 979-11-92476-88-9 (03220)

값 18,000원